行政案例分析

主　编　罗依平
副主编　刘　丹　丰　云

中南大学出版社
www.csupress.com.cn

图书在版编目(CIP)数据

行政案例分析 / 罗依平主编. —长沙：中南大学出版社，2013.2
(2020.7 重印)
ISBN 978 - 7 - 5487 - 0807 - 0

Ⅰ.行… Ⅱ.罗… Ⅲ.行政管理－案例－中国 Ⅳ.D63

中国版本图书馆 CIP 数据核字(2013)第 031270 号

行政案例分析

主编 罗依平

□责任编辑 杨 贝
□责任印制 易红卫
□出版发行 中南大学出版社
　　　　　社址：长沙市麓山南路　　　　邮编：410083
　　　　　发行科电话：0731 - 88876770　　传真：0731 - 88710482
□印　　装 长沙印通印刷有限公司

□开　　本 730 mm×960 mm 1/16 □印张 11.75 □字数 202 千字
□版　　次 2013 年 2 月第 1 版 □2020 年 7 月第 8 次印刷
□书　　号 ISBN 978 - 7 - 5487 - 0807 - 0
□定　　价 30.00 元

目　录

第一章　行政组织

【理论概要】

本章主要探讨五个方面的问题：

一、行政组织的概念和构成

行政组织是指政府的组织结构和组织活动过程。行政组织是静态组织结构和动态组织活动过程的统一。广义的行政组织，除政府行政组织之外，还包括立法、司法、企业和事业等部门及社会团体中具有行政性职能的机构；狭义的行政组织，则专指为推行政务、依据宪法和法律组建的中央与地方行政机关体系，是国家机构的重要组成部分。

构成行政组织的要素主要有：

(1)职能目标是行政组织赖以建立和存在的前提和基础，也是组织活动的出发点和归宿。

(2)权责体系是行政组织内部权力分配、权责关系、指挥系统、运行程序、沟通渠道及各种机构、各个岗位在组织中的地位、作用及其内在联系的具体表现，它直接关系到行政机构的设置及其运转。

(3)机构设置是行政组织的实体，也是履行行政职能、达成行政目标的载体，是行政组织的核心内容。

(4)人员组成是行政组织的一个重要因素。

(5)运行程序是行政组织的动态过程，科学的运行程序有利于提高行政效率。

(6)法制规范是行政组织依法行政的根本保障，也是衡量行政组织是否健全的主要标志。

二、行政组织的主要特征

行政组织作为一种特殊而又典型的社会组织，它既具有目标一致性、层次统属性、结构有机性等一般社会组织的普遍属性，又具有政治性、社会性、强制性、权威性、服务性和法制性等一般国家组织的共同特征。与此同时，行政组织作为国家权力机关的执行机关，同其他国家机关和社会组织相比，还具有下列独特之处。

（1）职能的广泛性。行政组织的基本职能是组织和管理国家事务和社会公共事务，其职能的范围包括政治、经济、军事、科技、文教等各个领域，其职能的性质涉及保卫、统治、管理、服务等各个方面，其职能的效用遍及宏观、中观、微观等各个层次，具有职能的广泛性。

（2）职权的二重性。相对于国家权力机关而言，行政组织是执行机关，它由国家权力机关产生，对国家权力机关负责，受国家权力机关监督；相对于其他社会组织而言，它又是权力机关，有权依法制定行政法规和规章，发布行政决定和命令，规定和采取行政措施。

（3）结构的严密性。无论是单一制或联邦制国家，还是集权制或分权制国家，其行政组织都是一个分工精细、结构严密、上下贯通、左右协调的层次统属式组织体系。

（4）体系的一元性。首先，在一个完整的主权国家，只能有一个行政中心，只能由行政组织承担和实施国家的行政权力；其次，行政组织相对独立行使国家行政权，其权力具有统一性和相对独立性。

（5）机构的适应性。行政组织作为一个开放的社会系统，受各国的历史条件、经济发展水平、社会政治和经济制度及文化传统等环境因素的影响与制约，其内部机构必须适应国家社会政治经济文化的发展变化而不断加以调整和变革。

（6）建制的对应性。行政组织的设置与它管辖的行政区域的划分具有严格的对应性。无论是行政组织的层次与它所辖的行政区域，还是行政组织的职权性质与它所辖部分行政区域的性质，以及行政组织的职权范围与它所辖行政区域的范围，都应是一一对应、相互一致的。

三、行政组织设立的指导原则

（1）任务目标原则。每一个行政机构或行政机关的设立，都必须以实现一定的行政目标、完成一定的行政任务为前提，行政机构的调整、增加或合并都应以是否有利于实现相应的职能目标为转移,临时机构的存续更应以特定目标的存续为依据。

(2)精干高效原则。精干高效既是行政组织结构设计的基本原则,又是行政组织协调运转的必然要求。贯彻这一原则,一要在组织结构上纵向减少不必要的层次,横向撤并不必要的部门,着力精简管理机构和管理环节;二要适时转变政府职能,改变管理方式,下放管理权限,实行政企、政事分开;三要重视公务员队伍建设,要求队伍精干、管理严格、办事高效,真正做到精兵简政、职无虚设、岗无闲人。

(3)完整统一原则。这一原则要求行政组织结构形成上下贯通、左右协调的统一整体。首先,职能目标要统一。要将政府职能的总目标分解为分目标,局部目标要服从总体目标。其次,机构设置要完整统一。行政组织之间,要明确隶属和制约关系,要明确下级对上级的服从关系,形成一个统一完整的权力体系。同时职能设置要完整配套,功能要完备齐全,凡是政府职能范围内的事务,都要有相应的机构来管理。机构设置的名称和级别也要大体上统一,不能自立称号,造成混乱。再次,领导指挥要统一。在行政管理活动中,要实行首长负责制,由上级行政机关或首长统一领导和指挥,形成一个指挥的垂直系统,对一个行政机构,不能实行多头领导。

(4)权责相称原则。在所有的行政组织中,工作人员的职权与职责必须一致,既不能有权无责或者有责无权,也不能权大责小或权小责大。贯彻这一原则,一要明确每一组织、部门和个人的工作职责或任务,做到事有定人、人有定责、职有专司、各负其责;二要视任务和职责相应授权,做到有责有权、权责一致;三要加强考核,严格奖惩,真正做到权责相称、尽职尽责。

(5)稳定性与适应性相结合的原则。行政组织的建构要保持相对稳定性,着眼于环境和本身的发展,坚持稳定性与适应性的统一。一方面,行政组织的机构设置、工作流程、办公程序、人员构成、规章制度等应保持相对稳定,不能随意更改,以保证行政活动的连续性;另一方面,行政组织在设计时应使其具有一定的弹性和应变力,并随着政治、经济、文化与社会的发展以及政府职能的转换而适时调整,以适应新的形势和任务。

(6)决策、执行、监督相分离的原则。缺乏监督和监督乏力是行政组织滋生腐败与官僚主义的重要根源。必须将决策机构、执行机构和监督机构分开设置,并赋予监督机构以相对独立的职权,而不能将三者合为一体,更不能使监督机构隶属于决策机构或者执行机构。

(7)依法设置原则。行政法治是现代社会行政管理的重要原则。遵循这一原则，不仅要求行政机构的设立、合并与撤销必须由法定机关依法定原则和法定程序来进行，而且要求行政机构的性质、地位、职权、人员编制、内部结构、工作程序和领导制度等均须由法律、法规来确定。严格贯彻依法设置原则是实现我国行政组织建设规范化、法制化和有效控制政府机构规模膨胀的基本途径和根本保证。

四、行政组织存在的主要问题

我国原有行政组织的主要问题是：机构重叠，职能交叉；结构不当，功能不全；人员结构不合理，素质不高；中央与地方职责不清，机构设置层层对口。

五、推进我国政府机构改革的策略

（一）全面体现社会主义市场经济体制的要求

1. 科学处理政府与市场的关系。

2. 科学处理政府与企业的关系。

3. 科学处理政府内部各要素的关系。

（二）着眼于政治体制改革的宏观战略

1. 正确处理坚持、改善和加强党的领导与保证行政机关相对独立行使权力的关系。

2. 正确处理维护中央权威与进一步下放权力的关系。

3. 正确处理机构改革与健全民主制度的关系。

4. 正确处理政府机构改革与加强法制建设的关系。

（三）科学处理机构改革与职能转变的辩证关系

1. 科学认识政府机构改革与职能转变的辩证关系。

2. 牢牢扭住职能转变这根主轴。

3. 根据新的职能体系改革政府机构。

4. 把战略规划与近期目标统一起来。

5. 把改革的革命性与科学性统一起来。

（四）努力建设一支高素质的专业化行政管理干部队伍

1. 正确认识政府机构改革与建设一支高素质的专业化行政管理干部队伍的内在关系。

2. 防止和克服把机构精简片面理解为量的减少的观点。

3. 深化干部人事制度改革。

（五）着力在人员分流问题上取得实质性突破

1. 着力转变思想观念。

2. 实行竞争上岗。

3. 切实抓好定向培训。

4. 切实疏通和拓宽、拓新分流渠道。

5. 建立和健全社会保障制度。

【示范案例】

☞ 示范案例 1 - 1

机构设置与工作效率

某市农林局是历经二分二合而设置的一个政府职能部门。2009 年，该市又将农林局分解为"市农林局"、"市农业科学技术研究推广中心"（简称"市农技中心"）、"市畜禽技术研究推广中心"（简称"市畜禽中心"）三个单位。其中，"市农技中心"与"市农林局"为正县级单位，隶属市农委领导；"市畜禽中心"为副县级单位，隶属市农林局领导（但实际是一个人、财、物都独立的单位）。正是由于"市农委"、"市农林局"、"市农技中心"这个三角关系的存在，从而使该市的农、林、牧工作逐渐步入到一个混乱的境地。

一是行文关系不通。因全省各地、市的"农技中心"都是隶属农业（林业）局领导的事业单位，所以，省农牧厅历次下发的公文只对市农林局一家，而不管什么农委、农技中心，这就给开展正常的工作带来了许多不便。2007 年 12 月底，省农牧厅下发了一份"关于填报食用菌情况的通知"的文件，该文发到市农林局之后，局长考虑到本局没有具体的人员去抓这项工作，同时，市农技中心设置有专门的食用菌科室，于是便在公文处理单上签上"请交市农委领导阅示"的意见。但一直到 2008 年 2 月，经市农委多次协调后，才勉强由农林局汇总上报省农牧厅。

二是业务工作不协调。2008 年 7 月底，原市畜禽中心所辖的市奶牛场，连续几天死掉了奶牛 15 头，该场找到市农委汇报此事。市农委说，这关系到业务技术方面的问题，请与市畜禽中心联系，让他们负责处理。找到了畜禽中心，该中心说：我们隶属市农林局管，你们让农林局通知我们，我们再去。找到了农林局，农林局说：我局的农牧科是个空架子，总共才有两个人，并且都是搞农业的；畜禽中心名义上归我们领导，实质上他们已是一个人、财、物全部独立的经济实体，级别又和我们差不多，我们怎么能安排得了他们呢？后来经过再三的要求，农林局才勉强找到畜禽中心，说明原由后，市畜禽中心就说：奶牛场直属领导是市农委，你们真是多管闲事。为此，农林局的同志感到非常难堪。最后还是通过市农委、市农林局、市畜禽中心三家共同协商，才达成了解决问题的协议。

（案例来源：http://wenku. baidu. com/view/9d0dd3ff770bf78a65295428. html，引用时有修改。）

思考题

1. 试分析机构设置与工作效率间存在何种关系。
2. 结合案例分析某市将农林局一分为三后为什么出现效率滑坡？

分析提示

1. 试分析机构设置与工作效率间存在何种关系。

组织机构是实现组织目标的桥梁和工具，是联系组织成员活动的纽带。组织机构设立的目的就是要使组织能够合理、有效地运用和整合各种资源，从而使组织能够以最少的投入获得最大的产出，高效率地实现组织的行政目标。

机构设置的多少与工作效率的高低之间并无明确关系，但是机构设置的合理程度与工作效率之间却有着直接关系，机构设置得越合理，就越能有效地履行行政组织的职能，提高行政效率；机构设置得不合理则会造成行政效率的低下。

2. 结合案例分析某市将农林局一分为三后为什么出现效率滑坡？

案例中市农林局历经多次机构改革，不但没有达到提高工作效率的目的，还带来了"行文关系不通"和"业务工作不协调"，致使"该市的农林牧工作逐渐步入一个混乱的境地"。这一结果的出现最根本的原因就是将农林局一分为三的机构设置，本身就是不合理的。农、林、牧原本属于一个部门管理，管理职能综合，内部的沟通协调也相对容易，而将其分为三个部门后，内部关系变成了外部关系，沟通协调也变得相对困难，效率也就随之滑坡。其次，这一机构改革并未建立在职能转变的基础之上，机构分设的同时并没有将原来综合的职能进行合理拆分，造成三个机构各自的职能定位模糊，出现问题后相互推诿扯皮、相互掣肘。另外，由于我国政府机构的设置存在着"上下对口""条条"管理的特点，当上级机构未改革，下级机构搞机构设置创新时，必然会出现行文不畅、效率降低的情况。

综上，农林局一分为三后出现效率滑坡的主要原因有：机构设置不合理，机构改革并未以职能转变作为前提和基础，各级政府机构"条条"管理的压力。

（说明：本题无标准答案，以上观点仅供参考。）

👉 示范案例 1-2

浴室建成后为何迟迟不能开放？

2008 年，某政府机关为加强后勤服务工作，专门成立了一个行政事务科。出任科长的是一位 30 出头的年轻人。俗话说，新官上任三把火，这位年轻科长走马上任后，也未能免俗，他烧的第一把火是兴建机关浴室，解决本机关 200 多号人洗澡难的问题。经过几个月的努力，浴室总算如期建成了。

浴室开放前夕，这位科长以行政事务科的名义贴出通告：机关浴室自某月某日起正式开放，男职工的洗澡时间为星期一、三、五，女职工为二、四、六，一律免费。通告在机关引起了不同反响，有的同志认为，洗澡时间安排不合理，机关的女职工只有 20 多人，却占了一半时间；有的同志对免费洗澡提出非议，认为机关浴室就那么几个浴池，若免费敞开洗澡，亲戚朋友都带来，势必影响本机关职工洗澡，也会给锅炉工增加工作量，倒不如一个月发几张洗澡票，凭票洗澡。这些议论传到行政事务科长耳朵里，他感到大家的意见都有些道理，于是，他便综合了大家的意见，以行政事务科的名义写了一份请示报告，分别呈送主管机关行政工作的副秘书长和主管全面工作的秘书长，请求领导定夺。不料，两位领导的批示却不相同，一位批道：根据群众要求，男职工的洗澡时间要增加，可安排在星期一至星期五，以凭票洗澡为宜。另一位的批示为：女职工的洗澡时间适当压缩，可安排在星期五和星期六，因机关浴室属福利性质，一律免费。科长接到批示后，感到无所适从，只好将开放浴室的事搁了下来，以致久拖不决，机关职工意见很大。

（案例来源：http://course.cug.edu.cn/org_behavor/download/anli1.htm 引用时有删减）

思考题

1. 从行政组织设立指导原则的角度考察，机关浴室建成后迟迟不能开放究竟原因何在？

2. 如果你是行政事务科长，准备怎样解决这个问题？

分析提示

1. 从行政组织设立的指导原则的角度考察，机关浴室建成后迟迟不能开放究竟原因何在？

行政组织的建构原则主要有：任务目标原则，精干高效原则，完整统一原则，权责相称原则，稳定性与适应性相结合原则，执行和监督分离原则，依法设置原则。本案例中行政事务科长和两位秘书长主要违背了权责相称原则，造成了问题的迟迟未决。

权责相称原则是行政组织设立的重要指导原则，这一原则是说每一行政组织、工作人员的职权与职责必须一致，既不能有权无责或有责无权，也不能权大责小或权小责大。浴室建成后，行政事务科长以组织名义发出通告，准备尽快对职工开放，这是正确履行了自己的职责，是正确的。然而当职工对通告中的安排提出意见时，行政科长并没有及时地更改澡堂使用的相关公告，而是把自己职权范围内的责任上交给了上级领导，两位秘书长在行政事务科长来请示时本应该把事情挡回去，让行政事务科长自主决定，而不应该越俎代庖。这两位秘书长在请示报告上做出明确批示，实际上做了自己职责范围以外的事情，这是一种越权行为。从越权的类型看，大体上有以下三种：一是越上级之权；二是越平级之权；三是越下级之权。三种越权行为，都是与贯彻"权责相称"的原则相悖的。在两位秘书的决定不一致时，行政事务科长无所适从，从而造成了澡堂开放的延迟。

2. 如果你是行政事务科长，准备怎样解决这个问题？

如果我是行政事务科长，我会自己自主决定自身职权范围内的事务，承担起与职位相称的责任，而不是将自己的责任转移给上级领导。

首先，以行政事务科的名义发出通告，向大家解释由于机关职工的意见不同，所以目前浴室还未开放，并且给出浴室开放的确切时限。以此安抚职工的情绪，获取他们的谅解，减少他们的不满。

其次，对于澡堂使用规定的制定，针对机关的具体情况，在充分听取职工意见的基础上，充分参考、综合两位秘书长的批示，在自己的职责范围内做出合理的安排与决定。例如针对男女比例合理安排男、女职工的洗澡时间，另外，因机关浴室属福利性质，所以机关职工一律免费，但为避免增加机关负担，防止机关外人员进入机关澡堂，可采用凭工作证洗澡的方式。

（说明：本题无标准答案，以上观点仅供参考。）

【案例作业】

案例作业 1－1

"盖章承包"的启示

某省 S 局自 2005 年初组建以来，一直承担极为繁重的工作任务。可该局组建后，一直没有自己的办公楼和职工宿舍。开始他们靠在招待所租房办公和住宿，后来在省领导的关心下，挤进了省直某单位的办公楼大会议室办公。为了解决该局的办公和住房问题，S 局的领导经集体研究后，给省委、省政府有关领导呈送了申请建办公楼及宿舍楼的报告。以后，又根据有关情况，多次给省委、省政府呈送了类似的报告。S 局在打完第 15 份建房报告后，上级同意 S 局建办公楼一幢，职工宿舍一栋。然而，好事多磨，S 局的建房报告虽经省委、省政府批准，并由省计委立项了，但房子是不是就能建了呢？不行。因为，建房要有地皮，而省里自己是拿不出地皮给 S 局盖房子。于是 S 局又围绕着征地的问题进行多方努力。首先，S 局行政处主管基建的副处长拿着省政府的批文到市政府找管城建的负责人，这位负责人说，省府所在地的地皮，要根据市政建设的需要，纳入市政建设中通盘考虑，因此，该地区的土地征用，必须先经过市规划局批准后方可考虑。于是，S 局行政处副处长又到市规划局，规划局说：省府所在地的建设，已经列入市城建局的小区建设中，在该地区征地建房，必须得到城建局的同意后才能研究。S 局的副处长无奈，只得又跑到市城建局。城建局说，省直机关的用地是由市委、市政府直接控制的，必须由市委、市政府的领导统一研究批准后才行。这样，S局的征地建房报告又被送回到市政府有关同志手中，他们说等研究一下再决定。至于何时研究就不得而知。一个星期过去了，没有消息；一个月过去了，还是没有消息。S局的领导着急了，只好请省委、省政府有关领导出面关照。又过了一段时间，省有关领导告知S局，市委、市政府已经研究同意，请S局去找有关部门办手续。S局得知消息后，即由局长亲自出面找规划局、城建局领导落实此事，但他们说要等市里的批文下达后才行。希望之舟又一次搁浅。怎么办？S局决定由一名副局长挂帅，组成一个专门的班子，分头去市有关部门做工作，并备有专车听用。这个班子在副局长的领导下，开展了卓有成效的工作。他们调动了各个方面的积极性，采用各种各样的手段，利用各种各样的关系，经过近3个月的努力，终于取得了有关主管部门的批准，在省直机关所在地区外围某小区征地建房。然而，市有关部门虽然同意S局在某小区征地，但要把这块地征下来，还要从市到区、从乡到村有关部门盖30多个公章才行，这30多个公章所属部门分别是市、区两级管城建的、管规划的、管土地的、管公用设施的。经过多方努力，几番周折，面对许多的管卡，没有过五关斩六将的本领是不行的。S局以副局长为首的基建领导小组，经过半年多的艰苦努力，征地报告上的公章还差20多个。眼看到了年终岁尾，即将进入新的一年，一期工程的拨款将因没有动工而冻结。在这危难之际，他们只好召开了一次全局职工大会，向大家道歉说：原来许诺今年可以动工的办公楼和宿舍楼，由于他们工作不力和种种原因不能如愿了，请大家原谅并请大家一起想办法，怎样盖完这些公章。会上顿时议论纷纷。有个同志说："不是说'包字'万能吗？我们何不来个盖章承包呢！我们可以发动全局的职工，把盖章的事承包下来，调动各种关系去打通关节。我们可以实行有奖承包，盖一个公章1000元，盖10个就奖10000元，如果奖金没有地方开支，我们全局的职工可以平均摊派。""盖章承包"，这真是个绝妙的主意！局长当即拍板："行！"于是全局的职工又开始为盖章的事忙了起来。

（案例来源：http://wenku.baidu.com/view/c2d0db2a0066f5335a812108.html。）

思考题

1. 某省S局征地建房困难重重的原因何在？
2. S局征地建房的困境对我国的政府机构改革有何启示？

案例作业 1-2

"小政府典范"为何走上机构膨胀的老路

石狮市是福建的综合改革试验区，建立县级市后的"小政府、大社会"作为全国地方机构改革的模式之一，在 20 世纪 90 年代初是福建省的一面旗帜。然而仅仅 10 多年间，该市的党政机关人数却快速反弹，行政人员由 1998 年建市初的 600 人增长到 1300 人，事业单位人员(不含教师)由 400 人增长到 1200 人。当年的"小政府典范"重新走上了机构膨胀的老路。

1998 年，石狮正式建市。建市以来，经济取得了飞速的发展，1999 年实现国内生产总值 87.6 亿元，工农业总产值 141.2 亿元，财政收入 4.85 亿元，分别是 1998 年的 22 倍、34 倍和 18.5 倍。应该说，随着经济的快速发展，党政机关人员可以有一定程度的增加，一些部门的增设无可厚非。然而石狮市却呈现出"非常规"的机构膨胀，行政机构增加一倍多，行政人员翻了一番多，事业单位(不含教师)人员增加了 2 倍。仅有 29 万人的石狮市，"小政府"已基本无"小"可言。

为何原本"轻装上阵"的党政机构却由小变大？石狮市许多部门的负责同志说，"上面"设置的部门，如果"下面"不对口设置，"上面"布置的任务如果没有相应的部门来承担，尽管工作都有人做，但上级部门总是认为我们没有充分重视。在这种"压力"之下，为了同"上面"对口配置，就"生出"了多个部门。2000 年市委设立了组织部和宣传部，2002 年政府又设立了外经委、监察局、计生局、教育局，2004 年税务分设机构……截至 2010 年，石狮市直机关已达 35 个。

为了缓解行政机构急速膨胀的压力，石狮市采取了增加事业单位和中介组织的做法。如在经济局下设置了交通处、价格事务所、技术监督所等 13 个事业单位，但实际上，这些事业单位和中介组织大多有行政执法权，都是得罪不起的"大爷"。一个交通处就有近 50 人，和其他县市的交通局没有什么区别。名义上行政机构减少了，但"换汤不换药"，这些事业单位和中介组织行使的还是政府的权力，一些群众干脆形象地称之为"二政府"。

精简后的石狮市还面临着安置多余的行政人员的压力。建市以来，石狮先后组织了 4 次公务员考试，每年还吸收一批大学毕业生和军转干部，年均 100 名以上。由于沿袭原来的用人机制，"小政府"没有一个正常的"出口"，结果人员越来越多。截至 2010 年，该市市委常委多达 15 人，正副市长 9 人；市级党政机关行政人员 365 人，副科级以上干部 150 多人。为了解决这一问题，石狮市只好用增加机构的办法来"分流"人员和"领导"。刚建市时，石狮市仅设 3 个乡镇，现已增加到 7 个乡镇、2 个办事处，各级单位的临时人员多达上千名。这样的人员配置使得在实际工作中办事效率大大降低。

（案例来源：http://wenku.baidu.com/view/ccda696fa45177232f60a2fd.html。）

思考题

1. 建国以来，我国曾进行过多次政府机构改革，其结果总是精简——膨胀——再精简——再膨胀，被称为机构改革的怪圈，石狮市的改革也未逃脱这一结果。请结合本案例分析石狮市党政机构规模"由小变大"的原因是什么？

2. 根据所学的行政组织理论，分析说明机构的精简要受制于哪些因素？

3. 运用所学知识试分析，如何从根本上解决机构反弹膨胀这一难题？

案例作业 1-3

黄石市机构改革巡礼

湖北省黄石市是经国务院批准确定的全国 16 个中等城市机构改革试点之一。该市从 1996 年 5 月开始调查研究、设计改革方案，到 1997 年 7 月，按照省委、省政府批准的机构改革方案组织全面实施，到 9 月底基本告一段落，新的机构开始运行。

机构改革前，黄石市共有县一级党政机关 83 个，工作人员 3414 人。党政职能不分、政企不分、机构庞大、人员臃肿、效率不高等我国机构中的通病，在这里也得到了充分的反映。

在这次机构改革中，黄石市委、市政府的指导思想可以概括为 16 个字：转变职能，整体配套，精简统一，积极稳妥。具体做法是：

第一，以职能分解作为机构改革方案设计的起点。黄石市在机构改革前，具体地分析了各专业局工作的情况，认为各专业局所承担的各种任务大体上可以划分为 5 项职能，即党群管理职能、综合经济管理职能、社会管理及服务职能、企业经营职能、行业管理职能，并发现各项职能的工作量依次为 25%、15%、15%、12.5%、32.5%。如某局 17 个科室共 57 人中，担负党群管理工作的 8 个科室共 14 人，综合经济管理工作的 2 个科室 5 人，社会管理工作 3 个科室 14 人，企业经营管理工作 2 个科室 17 人，真正搞行业管理的只有 2 个科室共 7 人。通过对职能的分解，不但可以看出某一单位该管什么，不该管什么，而且可以看出其内部该设置些什么职位，不该设置什么职位。这就为制定机构改革方案奠定了基础。

第二，紧紧抓住政府职能转变这一环节。首先，按照党政职能分开的原则，市委不再设置与政府职能重复的经济部门，撤销了市委经济工作部。而且，企业中党的工作开始实行属地化管理。其次，采取"撤局强委"的方式。通过撤销主管专业局，加强委办的职能，从过去的管理企业转变为管理行业，从直接管理为主转变为间接管理为主。具体来说，在工业系统，撤销了化工局、机械局、冶金公司、建材公司、纺织公司、医药公司、电子公司、一轻局、二轻局，加强了经委的综合管理职能，内设 8 个行业管理办公室，行业办是经委内的一个职能科室，由经委统一领导；在农业系统，撤销了农办、农林局、水利水产局、乡镇企业局，成立农委，在农委内设立农林牧、水利水产、乡镇企业、蔬菜等 4 个行业办公室；在财贸系统，撤销财办、商业局、粮食局、供销社，成立财政金融委员会，在财委内设立商业、粮食、合作商业指导等 3 个行业办公室；在城建系统，撤销了房地产管理局，合并了园林局与市政局，扩大了建委的职能。经委、农委、财委和建委内设的行业办公室都作为各委内设机构，主要行使行业管理的职能，而不是直接管理企业。这样，政府主管经济的部门由原来的委、局、公司三级管理，变为委、公司两级管理，减少了一级管理层次。同时，将产供销等生产经营职能下放给企业，将综合经济管理职能交给综合经济管理部门，初步达到了简政放权，转变职能的目标。

第三，遵循"精简、统一、效能"的原则，以提高效率为目标改革机构。总体来看，黄石市这次精简的幅度是很大的，全市县一级党政机关由原来的 83 个减少到 43 个。其中市委仅设 6 个工作部门，市政府设 36 个工作部门，人员由 3414 人减少到 2387 人，尚空编 38 个。同时，充实加强了政府的工商、税务、金融等宏观调控机构，使政府机构设置更加科学化。黄石市从理顺关系，明确职责，建立统一的高效的行政组织出发，撤销了市科技干部局，其干部调配职能归市劳动人事局；市地方办公室并入档案局；市体改办、市经济研究中心并入政策研究室；宗教侨务办公室并入市政府办公室；外事办公室并入外贸局，保留牌子；旅游局与市委、市政府接待处合署办公，三块牌子一套班子。

第四，不但在总的原则上实行党政分开，而且还对党务机构的精简下了大的功夫。不但撤销了市委经济部门，而且撤销了市委讲师团，其业务归到宣传部；撤销市委经部门，其业务归市纪委和市检察院；党史办公室划归党委办公室。

第五，把机构改革同合理安排富余干部结合起来。黄石市机构改革，富余干部1000多人，其中县级干部114名。做好这部分干部安置工作，是机构改革的一个大问题。黄石市采取果断措施，让一部分人充实到工商、税务、银行、司法等亟须加强的部门，一部分人改行到了工厂企业，一部分人下到了基层党政单位。虽然富余干部40%下到了基层，降职使用的也占41%（工资待遇不变），但是，由于做好了干部的思想政治工作，结果富余人员的消化还是比较顺利。

第六，把机构改革与经济体制改革结合起来，实行整体配套改革。在完善企业承包责任制、进行金融体制改革、计划管理体制改革和建立生产资料市场过程中来进行机构改革。黄石市将税务、工商行政管理、审计、统计、物价、计量等部门从政府各委办中独立出来，作为政府的直属机构。这种配套改革，给政府职能转变创造了前提条件。

第七，准备充分，步子稳妥地进行改革。黄石市专门成立了机构改革领导小组，各个委办也成立了机构改革小组，其中又分监督小组、审计小组、人事安排小组、财务交接小组和办公室，严格制度，做到了顺利过渡；而且在整个机构改革过程中，始终教育干部转变观念、服从大局，效果很好。

黄石市机构改革，在突破传统经济管理体制的旧框架上迈出了第一步，在精简、统一方面，也取得了一定的成就。它适应了新的经济运行机制的要求，又促进了新的经济机制的运行，从而促进了经济的发展。方案于7月份出台后，7至9月虽然持续高温，历史上一般产值是要下降的，但这次却上升了。

当然，这次改革是在新旧体制交替中进行的，尤其是在上下都不动的情况下，不可避免地要遇到一些困难，比如如何真正建立完善的行业管理机制问题，仍需作进一步的探索。

（案例来源：http://wenku.baidu.com/view/39cd72916bec0975f465e291.html。）

思考题

1. 黄石市机构改革成功的主要经验是什么？
2. 黄石市机构改革对深化我国地方政府机构改革有何启示？

案例作业 1 – 4

广东顺德的大部制改革

2009 年 9 月，《佛山市顺德区党政机构改革方案》公布。作为广东县域行政管理体制改革试点单位，顺德正式推进新一轮党政机构大部制改革，这次改革是在 1992 年大部制改革的基础上，总结分析历次改革的经验教训，竭力避免改了又重新膨胀的弊端，为全省探索机构改革的新模式。

改革的具体措施主要包括以下五个方面：

（一）优化整合组织机构。本次党政机构改革在原有大部制基础上，进一步加大对职能相近机构的整合力度，在发展规划、城乡建设、社会管理、经济建设、市场监管、群团工作、政务监察等更多领域实行综合设置，形成职能配置科学合理、机构设置综合精干、权责明确清晰的党政组织架构。

改革后，顺德区的党政机构由原来的 41 个精简到 16 个，包括纪律检查委员会机关和党委工作部门 5 个、政府工作部门 10 个。其中：党委机构设置纪律检查委员会机关，以及区委办公室、区委组织部、区委宣传部、区政法委员会和区委社会工作部等 5 个党委工作部门；除区教育局外，新组建了发展规划和统计局、经济促进局、公安局、财税局、人力资源和社会保障局、国土城建和水利局、卫生和人口计划生育局、市场安全监管局和环境运输和城市管理局等 9 个政府机构。

新设立的 16 个大部门在部门领导职数的配备上，原则上按部门的行政编制（含政法专项和执法专项编制）核定领导职数。对于职能调整较大的部门，结合科室设置情况综合考虑，副职一般配 2 到 4 名，最多不超过 5 名。16 个部门统一规范设置局务委员，局务委员职数以副职职数为基数，按 1:1.5 的比例核定。总工会、共青团、妇联、工商联、残联等群团组织按章程运作，其机关由区财政供给的领导职数单独计算。

（二）精简决策和管理层次。创新干部管理制度，减少行政层次，缩短决策和管理链条，切实提高党政工作部门的执行力。改革后，党政机构主要负责人分别由区委常委、区政府副区长和政务委员兼任，建立部门首长负责制，实现党政决策和管理的扁平化。具体来说，区全局性重大决策集中由区联席会议行使。联席会议成员由区委常委、区人大常委会主任、区政府正副区长、区政协主席、政务委员组成。组建区政府政务委员会，政务委员会由区政府区长、副区长和政务委员组成，参加区联席会议决策。政务委员按副处级领导职务配备。

(三)创新运行机制。按照"决策民主化和扁平化、执行集中化和统一化、监督外部化和独立化"的原则，建立党政决策权、执行权、监督权既分工明确又统一协调的高效运行新机制。

按照党的民主集中制原则和效率与民主相协调的需要，建立民主科学的区党政决策机制。区全局性重大决策集中由区联席会议行使。严格规范决策程序，完善决策听证、咨询和民意征集吸纳制度，增强党委、政府对地方改革发展战略决策的科学性。区联席会议的决策由党政大部门集中统一执行。进一步深化行政审批制度改革，减少审批事项，将执行权尽可能依法委托镇政府(街道办事处)以及其他社会组织行使。规范行政许可和行政审批，完善政务信息化平台建设，优化政府工作流程，提高行政效能与服务水平。区纪委(区政务监察和审计局)负责对党政大部门的工作进行纪律和绩效监督，并且向各局派驻纪检(政务监察)机构或专职人员，负责对所驻机关进行纪律和政务绩效监督。进一步强化人大监督、政协监督、新闻媒体监督和社会监督，建立具体实施程序和运行机制，健全以党政领导为重点对象的问责制度。

(四)理顺责权关系。按照权责一致、责权利统一的原则，重点梳理和解决部门间职责交叉和关系不顺问题，理顺三方面的关系。一是通过"三定"工作，明晰大部门及其内设机构的职责和权限，理顺部门之间的责权关系。二是按照强化基层、关口前移的思路，实行简政强镇，深化财税体制改革，理顺层级之间的责权关系。三是坚持市场化改革方向，培育和支持社会组织和中介组织参与社会管理和公共事务，建立全社会参与、政社协同的公共治理新局面，理顺政府与市场、社会之间的责权关系。

(五)推进配套改革。在行政体制改革基础上，还将陆续推进配套改革。如推进事业单位分类改革，深化镇级行政管理体制改革，深化财政管理体制改革，建立完善区级党政机构、镇(街道)效能监督考核体系，完善人员编制的动态调整机制，等等。

　　顺德的大部制改革实行了党政联动和党政合署，建立了扁平化管理体系。在改革中推进政策配套改革方案，为改革减少了诸多阻力，促进了顺德政府职能的转变，实现了大部制体制，优化了人力资源结构，解决了人员分流难题，健全了权责分配体系，明确了各部门的权利责任关系。

　　顺德党政机构大部制改革在取得较大成绩的同时，也存在一定的问题有待进一步解决。一是顺德刚被赋予行使地级市管理权限后马上进行机构改革，行使地级市的管理权限又不包括党委、纪检等事务，使各大部门都有一定职能要分别与省、市的有关部门对接，而且这次改革是按职能合并，从而出现顺德多个部门对上级一个部门的情况，沟通衔接工作有待进一步完善。二是大部制意味着权力的集中，对其权力运行进行监督的必要性和难度均同比上升。三是部分垂直管理部门调整为区政府管理后，由于垂直管理部门与区政府管理部门的人员供给途径不一，工资福利待遇标准不一，导致在区财税局、区市场安全监管局等部门出现"同工不同酬"的问题，在一定程度上影响了公务员的工作积极性。

　　（案例来源：http://news.qq.com/a/20110117/000101_1.htm，引用时有更改。）

思考题

1. 结合案例分析顺德大部制改革的特点。
2. 如何解决顺德大部制改革面临的困境？
3. 广东顺德的大部制改革对推进我国行政体制改革有何借鉴意义？

第二章　行政职能

本章主要探讨五个方面的问题：

一、基本概念

行政职能是指行政机关在管理活动中的基本职责和功能作用，主要涉及政府管什么、怎么管、发挥什么作用的问题。它既包含政府的行政职责，也包含政府的行政功能，是行政职责和行政功能的辩证统一。

二、主要特征

（1）执行性。行政职能相对于国家权力机关的立法职能而言，具有明显的执行性。

（2）多样性。行政管理的范围遍及国家和社会生活的各个方面，因此，行政管理的职能是多种多样的。

（3）动态性。行政职能不是静止不变的，随着行政环境的变化，国家政治、经济和科学技术的发展，行政职能的范围、内容、主次关系等也必然发生变化。

三、行政职能体系

（一）基本职能

1. 政治职能。这是维护和实现阶级政治、保卫国家利益和社会安定的职能，它集中体现了国家的阶级性质，其核心是维护和巩固国家政权。政治职能的内容广泛而复杂，概括起来，可以分为军事保卫职能、镇压和治安职能、民主建设职能等。

2. 经济职能。这是指国家行政组织领导、组织、管理社会经济的职能。

现阶段，我国行政组织的经济职能主要体现在以下八个方面：①制定经济发展的中长期规划和产业政策，提出发展战略目标，引导产业结构调整；②加强和改善经济运行中的宏观调控；③培育市场体系，监督市场运行；④加快基础设施建设，改善投资环境；⑤促进国有企业转换机制，加强国有资产管理监督；⑥完善社会分配机制，建立健全社会保障体系；⑦贯彻可持续发展战略，促进经济社会协调发展；⑧推动对外经济交流与合作，促进本国企业参与国际市场竞争。

3. 文化职能。这是指行政组织进行思想政治教育和对科技、文化、教育、体育、新闻出版、广播电视、卫生等事业进行管理的职能。随着我国现代化建设的不断深入，文化职能在我国经济和社会发展中的作用越来越突出。

4. 社会职能。这是国家行政组织对社会生活领域公共事务进行管理的职能。其主要内容有：优抚、复员退伍军人及退休职工安置、救灾救济、社会福利、环境保护、人口控制、社会保险等。

（二）运行职能

1. 计划职能。这是行政管理过程的首要职能，其要求是确定行政管理的目标、任务、实现目标的具体程序、步骤和方法。

2. 组织职能。其要求是通过科学设计组织结构和权责关系，合理安排和指挥组织系统内各种机构及各类人员的工作。

3. 协调职能。其作用是加强组织与组织之间及组织内部各个机构、各个环节和各类人员的沟通、联系和合作，保证计划目标的实现。

4. 控制职能。控制职能是指通过建立信息反馈和绩效评估机制，按照行政计划标准，衡量计划完成情况并纠正计划执行中的偏差，以确保计划目标的实现。

四、行政职能的实现手段

（一）行政指令手段

行政指令手段是各级行政组织机关凭借上下级的指挥与服从关系，采取自下而上层层上报、请示等方式实现行政组织职能的手段。

（二）经济手段

经济手段是国家行政组织根据经济规律，通过价格、税收、信贷、利润、工资、奖金、经济合同等经济杠杆来调节各种不同经济利益之间的关系，影响行政对象,以实现较高的经济效益和社会效益的管理手段。

（三）法律手段

法律手段是行政组织通过行政立法、司法的方式实现行政组织职能的手段。

五、我国行政职能转变的审视

（一）重要意义

1. 行政职能转变是经济体制改革的必然要求。党的十一届三中全会以来,我国经济体制进行了一系列改革,经济基础的这一系列改革,必然要求包括行政管理体制在内的整个上层建筑与之相配套、相适应,要求政府行政职能的调整与转变。

2. 行政职能的转变是实现职能体系合理配置的根本途径。我国原有的行政职能体系,是参照前苏联的模式建立起来的,具有诸多弊端,只有切实转变政府职能,理顺关系,才可能实现政府职能体系的合理配置。

3. 行政职能的转变是机构改革的重要前提和基础。职能是机构设置和机构改革的重要依据,只有分清职能和明确职能,才有可能据此对原有机构进行科学的调整与改革。

（二）基本内容

1. 职能重心的转变。党的十一届三中全会以后,各级政府坚持以经济建设为中心,实现了政府职能中心的根本转变,开创了我国现代化建设的新局面。

2. 职能方式的转变,主要体现在由运用行政手段为主转向运用经济手段为主,由微观管理、直接管理为主转向宏观管理、间接管理为主,由重视计划、排斥市场转向把计划与市场有机结合起来。

3. 职能关系的转变,包括理顺中央与地方的关系、理顺政企关系、理顺政府内部各职能部门的关系。

（三）实施方略

1. 按照政企分开原则,理顺行政组织与企业的关系。

2. 根据两权分离原则,转变行政组织的所有者职能。在社会主义市场经济条件下,行政组织要按照所有权与经营权相分离的原则,探索国有资产管理的新路子。

3. 把计划与市场结合起来,构筑以经济手段和法律手段为主、行政手段为辅的宏观调控体系。

4. 大力发展和完善市场中介组织，允分发挥其监督、服务、沟通、协调作用。

5. 用企业精神改革行政组织，实现行政组织公共服务职能的社会化、市场化和企业化。

【示范案例】

☞ 示范案例2-1

"桥脆脆"PK"桥坚强"

自 2007 年起，据不完全统计，全国有 37 座桥梁垮塌，致使 182 人丧生。我们对这些花巨资修好的，最后却事故频发的大桥做了统计，收集了中国近年来 10 座最"桥脆脆"的大桥。而在官方的事故原因回应中，除杭州钱江三桥塌陷事故承认"存在质量缺陷"外，其余桥梁垮塌原因集中在车辆超载、洪水暴雨、年久失修、日常管护不到位等方面，却回避了质量问题。而且，事故调查报告和桥梁质量调查报告亦罕有公之于世。

垮塌事件	垮塌大桥	背　景	建成时间
2012 年 11 月 11 日	江西九江长江大桥	2012 年 11 月 11 日傍晚，九江长江大桥公路正桥一支座处出现裂缝，影响桥梁安全，九江长江大桥管理局立即启动应急预案，对隐患处进行局部封闭，限 20 吨以下车辆通行，20 吨以上车辆实行绕道分流。	1993 年 1 月 16 日
2012 年 8 月 24 日	哈尔滨阳明滩大桥	8 月 24 日 5 点 30 分左右，哈尔滨阳明滩大桥疏解工程一上行匝道垮塌，桥上 4 辆货车侧翻至桥下，致使 3 人死亡，5 人受伤。	2011 年 11 月 6 日

续上表

垮塌事件	垮塌大桥	背　　　景	建成时间
2012年 6月18日	辽宁抚顺月牙岛西跨河大桥	18日晚,即将竣工通车的抚顺月牙岛西跨河大桥发生不明原因坍塌。坍塌的大桥全长416.4米,坍塌部分为两个桥墩之间的桥板。由于大桥尚未通车,截至记者发稿时,大桥坍塌中尚未有人员伤亡消息。	2012年 7月30日
2012年 5月13日	湖南平江范固桥	2012年5月13日,湖南平江范固桥,当地特大暴雨形成的洪水导致采砂船被冲击,撞击桥墩造成垮塌,到使9人落水,其中2人遇难,4人失踪。	1998年 12月
2011年 7月15日	浙江杭州钱江三桥	辅桥主桥面右侧车道部分桥面突然塌落,一辆重型半挂车从桥面坠落。	1997年
2011年 7月14日	福建武夷山公馆大桥	14日,福建武夷山公馆大桥北端发生垮塌事故,一辆旅游大巴车坠落桥下,当场造成1人死亡,22人受伤。	1999年
2011年 7月11日	江苏滨海县通榆河大桥	11日,江苏滨海县通榆河大桥,不明原因突然发生坍塌,两辆卡车坠入河中。	1994年
2011年 5月29日	吉林长春荣光大桥	桥面塌陷的面积约有70平方米,一辆正在驶过的货车坠入河中,到使车上2人不同程度受伤。	1989年建成 1995年扩建
2011年 4月12日	新疆库尔勒布孔雀河大桥	孔雀河大桥是整个西北地区最大的跨径钢筋混凝土拱桥。主跨第二根吊杆断裂,造成主跨第三、四、五道矮T梁掉入河中,到使大桥长约10米、宽约12米的路面发生垮塌。	1998年
2010年 4月	武汉白沙洲大桥	投资11亿元的湖北武汉白沙洲大桥自2000年建成后不久就被称作"崭新的破桥","十年九修"。3至4月,封闭大修后正式通车才两三个月的白沙洲大桥,引桥上又出现坑洼。	2000年

据统计,2011年和2012年大桥垮塌事故分别发生11起和8起,19座桥梁坍塌共造成12人死亡,57人受伤。其中,1997年到2000年建成的桥梁有

6座，通车时间最长的不过15年。而除了造成重大伤亡之外，大桥坍塌造成的经济损失也极其巨大。以湖南凤凰县沱江大桥事故为例，直接经济损失近4000万元；而发生于2007年6月的广东九江大桥被撞塌事故，在重修过程中花费了1.4亿元，但保险公司理赔部分仅占1500万元。

对应"桥脆脆"，一些历经风雨依然坚挺的桥，被网友追捧，称之为"桥坚强"。带着莫名悲愤的心理，公众找出了一批历经风雨依然坚挺的桥，作为"桥脆脆"们的鲜明比对。据报道，75岁的宁波灵桥老而弥坚，43岁的南京长江大桥被称为"再用50年没问题"，54岁的武汉长江大桥承受了70多次撞击而安然无恙，兰州铁桥历经百年而铆件无锈蚀。跟前面说到的那些验收时勉强通过、使用中状况不断、年纪轻轻就轰然倒塌的桥相比，这些老桥堪称"桥坚强"。

"桥坚强"的"高寿"并非侥幸，每座桥都书写了自己的传奇。宁波灵桥的存在说明，在战乱频仍、物资短缺的情况下可以造出好桥。上世纪30年代的桥梁技术虽不如今日，但宁波人自创了严密的监管程序：水泥、钢材等决定桥梁质量的关键原料，都由乡绅和洋商严格约定各项指标，并进行过细的质量检测。无师自通的监理机制，欧洲经典的造桥技术，共同创造了宁波灵桥青春长驻的历史。

武汉长江大桥和南京长江大桥的健在则说明，在政局动荡、条件艰苦的情况下也可以造出好桥。那是共和国成立不久的年月，羸弱的国力无法跟现在相比。那也是政治运动不断、自然灾害频繁的年月，建设者们无法把全部精力用于造桥。然而，在甄选材料、锤炼工艺、关注细节等涉及桥梁安全的问题上，工人和专家都不曾掉以轻心。人定胜天的奋斗精神，一丝不苟的质量把控，共同创造了两座地标性长江大桥的传奇。而兰州铁桥上的铆件"百年不锈"，则主要归功于德国人，因为这座桥的所有部件均由德国运来。透过这个奇迹，我们既惊叹于德国人百年前炼钢和加工技术的先进，也不难想象是德国工人的责任心和专注度保证了工艺落到实处。

"桥坚强"的生成没有捷径，其诀窍无非是肯投入、不作假。投入百分之百的注意力，调集尽可能好的原材料，使用所掌握的最好的技术，不怕费时费工，不怕劳心劳力，没有层层转包，没有中饱私囊，没有缩短工期，没有强行通车，桥梁的安全系数和使用寿命自然得到了保障。事实证明，只要你想造出好桥，就能造出好桥。只要建桥者心灵高贵、敢想敢干，"桥坚强"就可以成为每座桥的荣誉。

在"桥坚强"面前，"桥脆脆"显得太过渺小和可悲。在"桥坚强"的建造者面前，"桥脆脆"的施工者应该感到无地自容。虽然每次垮桥之后，都有人找汽车超载、大雨滂沱的客观理由，但我们都知道：在盲目追求工程进度的基础设施建设中，普遍存在因快而生的安全隐患。在暗箱招标和层层转包的过程中，普遍存在官员设卡寻租和商人偷工减料的病灶。"桥坚强"是面镜子，在"桥坚强"面前，"桥脆脆"们露出了原形。更重要的是，如何把"桥坚强"当做一个标杆，使今后建造的桥梁多些"桥坚强"，杜绝"桥塌塌"和"桥脆脆"，才是当务之急。

（案例来源：2012 年 09 月 21 日《新华日报》，原题："桥脆脆"不能承受之痛；2012 年 11 月 13 日，亿房网，作者：官昌旭，原题：九江长江大桥出现裂缝 中国最"桥脆脆"的十座大桥大盘点；2012 年 8 月 4 日，作者：李星文，原题："桥坚强"给"桥脆脆"的示范课。引用时有删减与修改。）

思考题

1. 从行政管理的角度分析，"桥坚强"到底"强"在哪里？"桥脆脆"到底"脆"在哪里？

2. "桥脆脆"现象揭示了怎样的问题？

3. 从行政职能来看，应该如何杜绝"桥脆脆"、"桥塌塌"事件？

分析提示

1. 从行政管理的角度分析，"桥坚强"到底"强"在哪里？"桥脆脆"到底"脆"在哪里？

"桥坚强"之所以坚强，"强"在：一是思想意识层面，桥梁建设者有认真负责的精神，坚持按规律办事，精益求精，追求桥梁的质量和安全。二是材料层面，建桥使用的材料合格，保证了桥梁质量可靠。三是技术层面，采用了先进的造桥技术和工艺，关注细节。四是监管程序层面，严格执行监督管理程序，严把监测验收关，杜绝贪污腐败、偷工减料、弄虚作假行为。五是管理层面，平时加强桥的养护和照顾，定期对桥进行全面的检查和修补。

而反观当今，科技发达了，技术精湛了，资金充足了，动辄投资上亿元的桥梁，反而造出那么多"桥塌塌"、"桥倒倒"、"桥脆脆"。这些大桥之所以不堪一击，从根本上说，"脆"在：其一，这些桥梁从设计到施工，缺少的恰恰是建造者的"精、气、神"，没有对历史和生命负责的良知，没有质量至上的职业道德，没有勇于担当的精神。其二，更为恶劣的是，一些桥梁工程里隐藏着惊人的腐败现象，前有"骗子承包、厨子施工"，后有"国企投标、民企买标"，缺斤少两、掺杂使假、无所不用其极。其三，责任追求机制不健全。桥梁倒了塌了，竟然几乎没有建造者为此负责，往往找几个"替罪羊"便可蒙混过关。

2. "桥脆脆"现象揭示了怎样的问题？

"桥脆脆"现象揭示了我们在投资建设中存在的很多问题：

其一，"桥脆脆"现象反映出我们在投资建设中的许多制度、条例缺少刚性执行力，有些变为"纸上条文、实际的摆设"。改革开放以来，我们制定了一系列的工程管理、工程咨询、工程验收、质量监督等方面的制度、条例，无论从技术层面还是管理层面，都比过去先进、完备，但是进步的技术和管理制度没有转化为进步的质量。为什么先进的技术、制度和管理无法落地生根呢？大量的事实表明，是脱离大局的违法利益链，钱权交易及一些人的贪腐行为作怪。

其二，"桥脆脆"现象反映出我们工程主管人员和建设人员缺少为国家、为民生负责的精神。工程建设项目尤其是民生工程、重大交通项目的建设，与人民的生命安全息息相关，多少年来，建设者将这种重大责任概括为一句话——"千年大计，质量第一"。许多建设者以这种责任重于泰山的精神，建造了许多经得住岁月考验的优质工程。如，茅以升修建的钱塘江大桥，设计寿命50年，已经超期24年，就是不倒，连大修都没有过，74年来任凭风吹浪打，依然坚固。而同在一条江上的杭州钱江三桥距离它建成不过14年就塌了。"桥脆脆"与"桥坚强"相比差在哪里？我们认为差在没有"为千秋万代负责"的精神上。尽管现在的工程工地上也写着"千年大计，质量第一"的横幅，可不见得都将这一理念贯彻到实际行动中。有些项目建设，提出的口号与实际行动是脱节的。

其三，"桥脆脆"现象反映出我们的投资建设中还不同程度地存在浮躁冒进、不顾客观规律"大干快上"、"匆忙地赶工期"的思想和做法。最典型的表现是"面子工程"、"政绩工程"和"赶工期工程"。这些工程建设共同的特点是违背工期建设客观规律和客观条件，工期前期工作准备不足，深度不够，盲目抢时间、赶进度，从而造成工程质量下降，安全隐患增加。针对这种倾向，国家有关部门出台一系列相关政策，三令五申予以明确制止。然而时至今日，全国各地因违反投资建设程序和规定造成的工程质量事故依然层出不穷。

3. 从行政职能来看，应该如何杜绝"桥脆脆"、"桥塌塌"事件？

从建成12年即发生的福建武夷山公馆大桥坍塌到通车不足一年的哈尔滨

阳明滩大桥断裂，近年来城市桥梁坍塌事故屡屡发生，一座大桥垮了，可能是"偶然"因素，但如果大桥频频"短命"，则就需要对我们的建设方和管理方进行追问了。政府作为城市桥梁修建的主导者，对整个修建的过程和后期的养护管理具有不可推卸的责任。这些事故的发生，政府具有严重的失职。我们认为，为尽可能地避免这种情况的再次发生，政府应切实做到以下几个方面：

第一，切实加强桥梁招投标监管工作。制定一套专属桥梁的招投标制度并落到实处；严格审核投标方的经验资质，杜绝没有桥梁施工经验的施工方、监管方参与竞标中来，严惩借用资质戴帽投标的行为；对投标方的桥梁工程师、监理工程师实行高要求、严标准，对无证上岗的进行严厉查处；桥梁验收必须通过荷载试验。

第二，建立一支桥梁设计质量检查的专家队伍。选择具备丰富的施工和管理经验的人员组建一支思想过硬、高素质的人才队伍，负责对桥梁在建设过程中和建成以后的设计质量检验评价；并广泛吸纳大学、研究所、设计院中经验丰富、责任心强的中老年专家来对这支队伍进行指导，贯彻专家咨询制度。

第三，建立健全桥梁安全责任制。形成一把手牵头抓，建委、交通、公安等部门具体抓的领导格局，将责任细分，落实到每个环节、每个岗位和每个人员，明确责任主体，避免出现部门职责交叉和空白的现象，并把桥梁的安全问题纳入政绩考核中来，提高各级部门的重视程度。

（说明：本题无标准答案，以上观点仅供参考。）

☞ **示范案例 2－2**

公共服务外包何以引来害群之马

一个犯罪团伙的骨干，不仅变身为城管协管员，而且差一点成为"革命烈士"。此新闻一出来，就引发热议，众多网友表示震惊。据新华社消息，2011 年 9 月，深圳城管协管员龚波在"执法"时被小贩刺死。事发后，龚波一度被渲染为英雄，其所在外包公司还曾经为其申请"革命烈士"称号。然而，令人瞠目结舌的是，事情才过去不到一年就峰回路转，"革命烈士"竟然是一个犯罪团伙的骨干。日前，警方破获案件时发现，龚波竟作为犯罪团伙骨干成员赫然在列。他们披着城管协管外衣，对辖区商贩大肆敲诈勒索收取保护费。

一个涉黑者，是怎么堂而皇之地披上了"城管"的外衣的？原来是因为深圳市公共服务市场化改革，其中就包括城管服务外包。据悉，深圳全市共有35家公司参与城管服务外包。龚波，正是其中一家城管服务外包公司的员工。就这样，一个犯罪团伙的骨干，通过城管服务外包公司，披上了执法的合法外衣。

2011年9月9日22时30分许，龚波等人驾驶标有"南山城管"字样的电动车，对被告人赵某强的烧烤摊档进行清理。工作中，龚波将被告人的烧烤摊掀翻，双方因此发生争执，其间赵某强用刀刺死龚波，为此龚波家属向街道办提出包括赔偿费、帮其遗孀找工作、给予龚波"烈士"称号等一系列诉求。今年7月10日，赵某强刚刚被判无期徒刑，但数日后，南山警方却宣布，龚波为涉黑团伙成员。

公开的资料显示，黑社会团伙头目张强与汇运丰实业有限公司合作，利用该公司物业管理资格，采取"围标"等方式竞标到深圳市粤海街道的城管外包业务。2010年4月，粤海街道与该物业公司签约取得清理乱摆卖的权力后，该公司20多名"马仔"开始对粤海街道辖区的商贩收取保护费。事实上，街道办显然对这支以张强为首的队伍失去了控制，更何况这是一支带着使命寄居进来的涉黑势力。在监督缺失的背景下，这些身穿迷彩服、脚蹬"城管"车的城管协管员，开始在当地为非作歹。每月2000来元的正规收入，不是涉黑团伙想要的"菜"，这支20多人的队伍，借城管之名，大肆驱赶小贩，霸占摊位，向摊贩收取"保护费"，攫取非法利益。而当地老百姓，也将这些身穿迷彩服的壮汉看成了城管执法队员，要么按月缴纳一笔保护费，得以在协管员的庇护下从事乱摆卖，要么就赶紧收摊走人。许多没有选择权的小生意者，只得忍气吞声地逐月缴纳数百至千元不等的保护费。

近日，深圳市城管局法制处处长冯增军对外做出回应，深圳市城管局将在两周内出台新政策取消城管服务外包。深圳市纪委也已经就城管外包涉黑问题介入调查。其实，公共服务市场化，或许是将来的趋势。深圳市城管服务外包，一度被认为是创新之举。但问题是改革服务外包的同时，公共责任绝不可市场化。在有效的监管机制尚未健全建立的情况下，恐怕公共服务外包改革，必须谨慎慢行。深圳市城管外包之后，有"开山寨执法车执法"、涉黑人员变身城管协管员等乱象发生。但毫无疑问，深圳城管涉黑事件将其"公共服务外包"推上了风口浪尖。

（案例来源：2012年8月8日《温州日报》，原文标题：公共服务外包监管必须跟上。引用时有删减和修改。）

思考题

1. 什么是公共服务外包？
2. 从行政职能来分析，"城管外包"何以引来害群之马？
3. 从政府职能转变来看，公共服务外包是否可行？应如何实行？

分析提示

1. 什么是公共服务外包？

公共服务外包是政府公共服务的一种供给方式，是政府将原来由其直接生产的、为社会发展和人民群众提供服务的事项交给有资质的社会组织来完成，并根据社会组织提供服务的数量和质量，按照合约签订的标准和要求，政府或第三方进行评估后支付给社会组织一定的费用。相对于政府自己提供公共服务，公共服务外包在节约公共经费的同时，还免去了许多繁琐的中间程序，促进了政府职能的转变，加快了政府机构改革的步伐。

2. 从行政职能来分析，"城管外包"何以引来害群之马？

深圳"城管外包"引来害群之马这一事件的根源不在"外包"，而在"外包"之后的监管空白。换言之，深圳城管的尴尬，并不是外包举措的尴尬，而恰恰是外包粗放化之弊。一方面，无论是城管还是其他公共部门，在实践外包的时候当遵循起码的底线，即"服务可以外包，公权不能被赎买"。城管的工作很多，譬如园林绿化、市政设施维护等，完全可以交由市场去做，但涉及罚款等执法权的项目，显然还应当遵循起码的行政逻辑，不能私下让渡公共权力。另一方面，在外包的这一过程中，职能部门既是购买人，更是委托人、监管人，应以持续介入的姿态承担起公共责任。譬如深圳城管，如果在资格准入、常态监察、投诉监管、权利救济等层面有更为稳妥给力的制度，外包何致弄成"唐僧肉"？公共服务外包，政府部门不能想怎么包就怎么包，应将外包行为有效置于公众监督之下；公共服务外包的同时，政府的责任不能"外包"，而应与外包公司签定明晰的契约，监管到每一环节。

在深圳的"城管外包"经验里，无论是公众监管还是行政监管，都不到位。虽然按照深圳对"城管外包"模式的设想，"公众参与"是其中重要一环，但事实上公众根本连"外包"的具体详情都不清楚，遑论监督了。有关部门与外包公司签定合同时，合同签定者非常混乱，有的是社区、街道出面，有的是区政府出面，外包公司聘用的协管员无须经过资格审查，外包公司的违规行为也缺乏强制性的惩罚措施。整个"城管外包"的运作，缺乏一套准入、退出和监督机制。

3. 从政府职能转变来看，公共服务外包是否可行？应如何实行？

（1）在利益分化、需求多元的时代，公共服务的任务在加重，不仅要更加多元化，也要更加专业化。如果公共服务只是由政府一力承担，可能的结果便是，政府机构自身难免膨胀。在科层制、法制化、制度化的政府组织模式下，推动公共服务的更新，需要政府细化专业分工，因而难免细化政府职能，从而增加机构、人员的设置。早些年，政府便是通过事业单位对社会事务大包大揽，其结果便是政府权力的触角不断向基层延伸。随着事业单位改革的推进，这种传统的管理模式、思维显然已经不合时宜。总之，在一个开放而多元的时代，公共服务的提供者不一定只是政府，也可以是社会团体，甚至是企业。这并非是说政府将可以卸下包袱，只是，它的身份和功能将有所变化：政府将成为公共资源的规划者、组织者，成为公共服务的"发包"方，将一些原属自己承担的公共服务"外包"给社会团体、企业，通过契约而对后者提出基本要求和规范，并进行监督管理。在这种新的公共管理模式中，政府将能抓大放小，即从宏观上对公共服务谋篇布局，而在微观上将具体的事务细分，该由政府继续承担的仍然划归政府管理，而该由各种专业的、有竞争力的团体、企业承担的，就一应下放。这样，公共服务自然能够"降低服务成本，提高服务效率和质量"。因此，公共服务也是可以"外包"的。

（2）公共服务外包要依"法"有"度"。我们在实行公共服务外包时可以借鉴西方发达国家的经验，更重要的是必须对制度发生的背景给予充分地关注，以便对照本国实情，设计出适合自己的相关制度。概括来说，就是既要有"法"（法律依据），也要有"度"（推进步骤和操作细则）。

首先，要有法。任何一项新制度，都需要立法上的明确依据，即现行法律应当对"外包"发生的情形、有权决定的机关、决定的程序、相关合同的内容与执行、争议解决和救济方式均有明确规定。

其次，要有度。如果现行立法找不到依据（这是经常发生的），那就要用最审慎的方式来尝试和推进——比如说将上述应当立法的事项，先通过政府文件的形式向全社会公布，然后通过招投标的方式和公司签约，文件中的上述内容成为合同的当然组成条款；再比如说对"外包"的内容作严格区分，对公共服务的外包（例如城管保洁）和公共管理的外包（例如城管执法）应当区别对待，凡是可能给公民法人带来不利影响的公权力行为，都应当严格限制执法者的资格资质。

第三，要有监督和救济。不仅政府需要明确由哪个机关负责监督，而且还应当建立最大限度方便市民监督、投诉和争议解决的机制，使侵害公民和法人合法权利的行为能够得到及时纠正，私益的损失能够得到合理的补救。

第四，经过一段时间尝试后，应当用立法的方式将相对成熟的制度固定下来，以便今后在更高层次上继续运行。

上述四点中，"法"是前提，也是成果；"度"是过程，也是"法"的实质内容。行政机关一般对成果比较容易偏爱，而"度"却是最难把握、也因而最容易被忽视的。若想把握好"度"，最重要的是始终保持头脑清醒。不论"外包"的现实需求怎样地迫切，不论现阶段已经在采取何种方式实施"外包"以及带来多少便利，制度的设计者和执行者必须时刻提醒自己：这一切都是发生在一个行政权力主导几千年、现代意义上行政法的历史不过二十几年（以1990年《行政诉讼法》为标志，参看陈端洪著：《中国行政法》）、行政权力相对于私权利而言仍具有巨大优益性的国家，私权搭上公权的"便车"后招致滥权和贪腐问题的风险，远远大于法治环境相对成熟、行政权力受到较为有效制约的国家。如果忘记或者有意无意地忽略这个基本的背景差异，而简单地移植外国制度，很有可能带来的不仅仅是淮橘为枳的尴尬，而且还有政府公信力的受损，以及因制度的实施背离其初衷而引发的社会矛盾加剧。

（说明：本题无标准答案，以上观点仅供参考。）

【案例作业】

案例作业 2-1

校车事故频发，我国校车安全在哪里？

2011年11月16日9时15分许，甘肃省庆阳市正宁县榆林子小博士幼儿园一辆号牌为甘MA4975的运送幼儿的校车（核载9人、实载64人），由西向东行驶至正宁县正（宁）周（家）公路榆林子镇下沟村一组砖厂门前路段时，与由东向西行驶的号牌为陕D72231的重型自卸货车发生正面相撞，造成 21 人死亡(其中幼儿 19 人)、43 人受伤。据初步调查分析,事故原因是校车严重超员,在大雾天气下逆向超速行驶,导致事故发生。近几年来,有大大小小多起校车事故,以下是我国近年来与校车有关事故的不完全统计。

时间	事 故
2010 年 2 月 26 日下午	江苏省如皋市郭园镇发生一起惨剧,7 座的校车内竟被塞进了 26 个孩子。上车 10 分钟后,4 岁女孩吴忆罗因车厢内拥挤发生呼吸困难,最终不治身亡。
2010 年 4 月 6 日	广东省汕头市某技工学校校车与一辆散装水泥罐车和一小轿车发生连环碰撞,造成 10 人死亡,28 人受伤(其中 14 人重伤)的惨剧。
2010 年 5 月 19 日上午	广东省潮州市潮安县磷溪镇一名 4 岁小女孩被村内一家幼儿园的园长接到幼儿园后,被"遗忘"在车内 6 个小时,后经法医鉴定为窒息死亡。经查,这家幼儿园用的是私家车接送孩子,是一家无证幼儿园。
2010 年 5 月 21 日 10 时许	甘肃境内连霍高速公路柳忠段东岗收费站一公里处发生一起车辆连环相撞事故,其中一辆车为某小学校车。该事故导致包括 5 名学生及 1 名司机在内的 8 人不幸身亡,另有 3 名学生受伤。
2010 年 6 月 24 日	辽宁锦州市黑山县胡家镇东岔村,一辆由学生家长包租的校车被撞,造成司机和 2 名儿童死亡,另有 7 名儿童受伤。
2010 年 7 月	湖北潜江市老新镇一辆塞满 23 名小学生的面包车与一辆卡车迎面相撞,致 10 多名学生及司机受伤,其中 3 名学生伤势较重。该面包车核载 7 人,是一辆新车,司机周某没有办理校车的相关手续。
2010 年 12 月 27 日	湖南衡南县松江镇东塘村一辆搭载 20 名小学生的三轮摩托车冲到桥下,造成 14 名学生死亡、6 名学生重伤。
2011 年 3 月	在北京门头沟地区,一辆核定载客 49 人的客车,载着 81 名幼儿园师生,以 98 公里的时速撞上路边的施工围挡,造成一名男童死亡。此客车系某汽车租赁公司所有,而 34 岁的肇事司机竟有 10 年的吸毒史。

时间	事　故
2011 年 4 月 14 日 19 时	新疆维吾尔自治区化肥厂厂区外 1 公里处，1 辆搭载着 6 名学生、1 名教师、1 名学龄前女童的微型面包车，在由南向北驶往 312 国道途中突然滑出公路，多次翻滚后造成驾驶员和车内的两人当场身亡，并有 6 人不同程度受伤。
2011 年 7 月 20 日 7 时 10 分	大连市开金州新区金石滩凉水湾路段，一辆载着 17 个孩子的轻型封闭货车与迎面而来的奔驰车相撞，车上的 17 个孩子均不同程度受伤。此车是幼儿园园长为了接送孩子而雇来的"黑校车"。
2011 年 8 月 29 日	海南省三亚市一名 3 岁男童早上 7 时许乘接送车抵达幼儿园后，因睡着而未被司机、老师清点到，以致被遗忘在校车内 9 小时。直到下午 4 时 30 分左右被发现时，男童已经停止呼吸。
2011 年 9 月 13 日	荆州市两名年龄不到 4 岁的幼儿，被幼儿园校车接到幼儿园门口后，竟被司机和接车老师遗忘在校车上。当日，荆州市的气温高达 31℃。在校车内闷了 8 个小时后，两名幼儿的遗体才被发现。
2011 年 9 月 26 日	山西省介休市灵石县冷泉村一辆接送学生的微型面包车与一辆大货车相撞，导致 7 名初中生死亡、2 人重伤、3 人轻伤。

　　校车超载引发事故频频，可大量血的教训似乎撼动不了相关部门麻木的神经。以正宁事故为例，出事的校车，超载早非一两次，幼儿园向家长收取不菲的校车费，却提供了极其劣质的服务，对此，教育部门长期不闻不问，交管部门也不查不管，正宁相关公权部门对于孩子的安全，表现出惊人的冷漠。

　　每一起校车事故背后，都有学校对学生安全责任的失守，都有当地公权部门的长期不作为，这几乎成为一个定式。而中国的校车也可谓五花八门，农用三轮车、小型面包车、中巴等安全保障较差的车辆几乎成为主流，而校车管理模式更是混乱不堪，有学校购买、政府租用、有家长合租等。从国家层面，建立完善的校车制度，给孩子们安全的依靠，却始终是一个空白。惨剧发生后，很多人都在问——我们的校车安全在哪里？

　　（案例来源：2011 年 11 月 29 日，中国政府网，原文标题：国务院安委会通报甘肃正宁校车事故；2011年11月16日，人民网－社会频道，原文标题：近年来与校车有关事故的不完全统计。引用时有删减与修改。)

思考题

1. 校车事故频发的深层次原因是什么？
2. 校车事故频发给我们怎样的启示？
3. 从行政职能来分析如何实现我国校车安全？

案例作业 2－2

娃娃为父讨薪，市长出面解决

2012年8月14日，13名孩子来到大理南国城大理东盟玉石城门口替父母讨要工资，他们中年龄最大的20岁，最小的仅5岁，孩子们手中都拿着一张要学费的标语——"我要吃牛奶，我要上学，还我父母血汗钱；我叫刘强，今年考起昆明理工大学，因为没钱支付学费，来大理为父母讨血汗钱交学费……"他们的父母6年前曾在南国城项目打工，开发商拖欠1000多名农民工工资达2000多万元。经过大理州、大理市有关部门的努力，在前期支付300万元的基础上，8月20日，业主方将1400万元资金划入大理白族自治州中级人民法院执行局指定账户。大理市市长亲率工作组赴昆明督促及时兑现农民工工资。

"13名孩子帮农民工父母讨薪"事件有望在州长、市长的关注下得到解决，这些为父母讨薪的孩子们的努力也有望得到回报。但其暴露出来的"只有引起舆论关注、只有受到社会关注，才可能得到解决"的"传统讨薪路线图"，仍然没有走出怪圈，反映出来的"没有压力不给，压力不大不给，压力大了马上给"的农民工工资支付的"潜规则"值得深思。

前有扬言跳楼、卧轨，集体上访，现在又出现孩子帮父母讨薪，一次又一次的讨薪纠纷，一次又一次的危机处理，每次都牵扯着公众敏感的神经，撞击着社会的心理底线。自从2003年10月熊德明向温总理实话实说讨薪难，各地加大力度治理欠薪，不少地方还形成了预防和治理农民工欠薪的制度。近10年过去了，农民工欠薪事件确实大大减少，但是，并未杜绝。"娃娃讨薪"事件再一次将公众的视线拉回到农民工这个弱势群体上。我们不禁要问：为什么受伤的总是农民工？为什么农民工总被当成"软柿子"？难道农民工工资的支付每次都需要市长出面吗？

拖欠农民工工资总有这样那样的理由。比如，一些地方急于招商引资，把关不严，导致有的开发商虚假注资后"空手套白狼"，最后造成"烂尾"工程，无法支付农民工工资；或是工程层层分包、非法转包或是建筑企业非法挂靠现象没有得到严格禁止；或是一些地方融资平台项目因资金紧张无法开工或者开工不足，导致工程款不能按期支付，等等。无论什么原因，别的环节、别的人的钱都不能少，惟有农民工工资可以晚点发、少点发，甚至拖着不发，这已成欠薪事件中的普遍规律。

一些地方解决农民工工资拖欠的表态言犹在耳，恶意拖欠工资罪也已经入刑。从预防、检查到监督，每一个环节似乎都有制度规定，但是，不少地方办法、制度挂在墙上，解决问题说在嘴上，农民工工资支付机制仍然停留于一纸空文，没有人负责，没有人监管，犯罪了没有人追究，即使是拿到了法院的判决也无法执行。制度被虚置，判决成"白条"，不少企业把拖欠农民工工资不当回事，农民工话语权弱，在没有公权力撑腰下，农民工工资被拖欠问题就演变成了老大难问题。

预防制度化，监督常态化，执行强制化，解决农民工工资拖欠问题并不是束手无策的难题。市长出马能够解决的问题，相信通过强化制度的执行也能够解决。只要给农民工工资支付机制加装"硬约束"，让拖欠者付出应有代价，让管理者不敢推脱敷衍，给农民工以通畅的救济渠道，让及时支付农民工工资成为用工单位的自觉行为，这个问题就能够解决，否则，市长出面协调欠薪问题的景观很可能会换个时间、换个地点重演。

（案例来源：2012年8月22日《工人日报》。原文标题：别让市长为"娃娃讨薪"收场之事重演。引用时有删减与修改。）

思考题

1. 从公共行政学视角来看，"娃娃为父讨薪，市长出面解决"案例背后反映了怎样的一种现实？

2. 农民工工资为何需要娃娃来讨？为何市长出面才能解决？其深层次的原因何在？

3. 如何防止"娃娃为父讨薪，市长出面解决"这样类似之事不再重演？

案例作业 2 - 3

郭美美事件引发红十字会信任危机

2011 年 6 月 21 日，新浪微博上一个名叫"郭美美 Baby"的网友颇受关注，这个自称"住大别墅，开玛莎拉蒂"的 20 岁女孩，其认证身份居然是"中国红十字会商业总经理"，其真实身份也众说纷纭，有网友称她是中国红十字会副会长郭长江的女儿，由此引发很多网友对中国红十字会的非议。21 日晚，郭美美在压力之下，改口称：自己所在公司负责红十字会的广告，故简称红十字商会。不久这条微博也被删除。22 日，新浪取消了郭美美的实名认证，称：其原认证说明为演员，后经本人申请改为"红十字会商业总经理"。再后来，郭郑重声明："我和红十字会没有任何关系。"

饶是有红十字会的正式辟谣，郭美美事件还在发酵，形成一场网络舆论监督的"瓜蔓抄"，涉及人员之广泛、层级之高，前所未有。网友们依据红十字会、郭美美的网上信息，展开人肉搜索。先是和红十字会有过合作的天略集团被牵扯进来，接着是跟郭自述的"红十字商会"名称相近的"商业系统红十字会"被曝光，红十字会几位领导被怀疑与郭美美有瓜葛；一位微博认证信息为文化部官员的网友，因在微博上与郭美美有"互动"，也卷了进来；甚至杨澜也"躺着中枪"，被网友翻出旧账：十几年前她拿过中国青基会的一笔 20 万元工作经费……

红十字会以辟谣应对，甚至在 28 日专门举行了新闻发布会，坚称：郭美美与红十字会无关，该会郭姓领导没有这个女儿，且他也没有网上传说的那块名表。至此，大致可认定郭的确不是红十字会工作人员，但一个三线女演员，就这样扰动了整个中国慈善业。

据 2011 年 8 月 25 日《京华时报》报导：民政部中民慈善捐助信息中心介绍，全国捐赠数据监测显示，郭美美事件发生后，公众通过慈善组织进行的捐赠大幅降低。3 ~ 5 月，慈善组织接收捐赠总额 62.6 亿元，而 6 ~ 8 月总额降为 8.4 亿元，降幅 86.6%。因为郭美美事件，红十字会被放到聚光灯下"炙烤"。一方面，国家审计署查出红十字会有 420 万元的超标采购，被公众热切围观。另一方面，媒体也开始介入对红十字会的调查，商业系统红十字会能募款却没有法人资质的问题被曝光。6 月 28 日，《晶报》更是曝出猛料，商业系统红十字会在一个名为"博爱之窗"的项目中，居然与合作企业对善款分成,"捐款箱所募集款项的50%由各商业企业红十字会用于救助本企业危困职工,20%用于补充急救药品消耗,30%由中国商业系统红十字会统筹安排"。

客观地说,郭美美事件中不少网上传言是捕风捉影的。但郭美美之所以能火,能引发公众强烈质疑,在于中国慈善业之前长期积累的信任危机:如畸高"手续费",不透明的财务状况,衙门做派,还有采购"天价帐篷"……风起于青萍之末,不信任感是一点一滴积累起来的。

(案例来源:2011年06月29日《东方早报》,作者:沈彬,原文标题:"郭美美"是火公益组织长期欠透明是薪;2011年08月26日《京华时报》,原文标题:内地慈善组织受捐额剧降近九成 点对点捐赠增加。引用时有删减。)

思考题

1. 郭美美事件为何能在慈善界引起这么大的波澜?
2. 该案例中暴露出中国红十字会在运行与管理过程中的哪些问题?
3. 从政府在社会中的角色来看,如何重建红十字会的公信力?

案例作业2-4

河南经适房被取消,权宜之计还是形势所迫?

2012年6月18日,河南项城公布了当地经适房申购人员名单。经查,这份1256名(户)的名单中,相当一部分申购人是当地公职人员,其中还有42名未成年人。其中一位最小的李姓男孩儿年龄还不到7岁,资料显示该男孩为2005年9月出生,项城市水寨办事处人。而《第一财经(微博)日报》记者调查发现,经济适用房申购、分配乱象,并非项城市独有,在河南一些城市均存在不同程度的倒卖、贿赂行为,基于此,河南省将在明年全面取消经济适用房建设。

此前,经济适用房问题上曾出现过不少丑闻,如深圳曾出现过"零资产"申报,武汉、深圳等地曾出现的"X连号",某地官员购买经济适用房后提价转卖给低收入人群,等等。归结起来,经适房乱象有如下几种:不符合条件的申请人通过虚假证明骗取了申请资格,甚至个别炒房者名下有多套,而真正符合条件的却很难申请成功;获得经适房后上市交易,获取巨额差价;官员利用权力收受贿赂,甚至参与倒卖经适房;官员利用权力为相关人员的犯罪行为充当保护伞等。据河南省住建厅厅长刘洪涛介绍,2011年9月以来,郑州市检察机关相继查办发生在经适房建设和管理领域的职务犯罪案件13件17人,违规人员涉及土地、建设、房管、规划、物价、乡镇政府干部、中介等,甚至还有少数公安人员涉及其中。

经济适用房是国家为了解决低收入群体住房问题而做出的决策,但在实施过程中,出现了各种不尽如人意之处,经适房遭弃购,被用于牟利的工具,经适房小区内停豪华车、经适房业主豪华装修等等一系列问题,作为保障性住房主力军的经济适用房遇到了不少质疑。经适房究竟"经济"了谁,是否还有存在的必要,废除经适房的声音屡见报端。而另一方面,也有文章指出:取消经适房建设是"官生病民吃药"。他们指出个别人员能够骗取经适房,不在于他的骗术有多高明,而在于相关官员的疏忽或纵容;低价获得经适房后再高价出售,没有相关官员的通融也很难办到;官员收受贿赂、倒卖经适房,这是实打实地犯罪,这是因为缺少监督机制。可见,经适房的"乱",不是真正需要经适房的低收入群体在"乱",而是个别人员和官员在"乱"。无论犯罪人数再多,犯罪次数再多,违规操作再多,也只能是个别人员和相关官员的责任,与真正需要经适房的低收入群体无关。因为犯罪频发而全面取消经适房建设,是典型的"官员病了让民众吃药"。

"经适房"被取消是权宜之计,还是形势所迫?经济适用房存废惹争议。

(案例来源:2012-08-2华媒网,原文标题:河南项城7岁男孩准购经适房 应彻查权力腐败;2012年08月24日红网,原文标题:河南取消经适房建设是"官生病民吃药"。)

思考题

1. 从行政职能视角来分析经济适用房的作用。
2. 经济适用房该不该取消?原因何在?
3. 针对当前我国经适房建设过程中的种种问题,你对改善我国保障性住房建设有何建议?

第三章　行政领导

【理论概要】

本章主要探讨五个方面的问题：

一、行政领导的概念与作用

行政领导是指在行政组织中，经选举或任命而享有法定权威的领导个人或领导集体，依法行使行政权力，为实现一定行政目标，运用各种方法和手段，有效地影响部属，以实现行政目标的行为过程。

行政领导是政治领导的贯彻执行；行政领导是公共行政协调统一的保证；行政领导贯穿于公共行政的全过程；行政领导对行政效能具有决定性作用。

二、行政领导的主要领导方式

根据行政领导行为类型不同，将行政领导的方式分为四种：一是强制式领导。这是一种为实现一定的行政目标，行政领导者凭借行政职权发布命令使被领导者不可违拗地去执行的领导方式。二是说服式领导。这是一种行政领导者运用启发、引导、商讨、建议等说服教育的方法，使被领导者心悦诚服地接受并贯彻自己意图的领导方式。三是激励式方式。是指领导者运用物质或精神鼓励的手段激发被领导者的工作积极性，以达到工作目标。四是示范式领导。这是一种行政领导者运用"身教"影响被领导者的方式。

根据领导行为的不同侧重点，将行政领导方式分为三类：一是以事为中心的领导方式。持这种领导方式的领导者，认为工作是目的、是中心，只注重工作的进程，强调工作效率，以工作的数量和质量来评价工作人员的优劣，以工作成果作为评价组织成败的指标。二是以人为中心的领导方式。持这种领导方式的领导者认为，只有工作人员身心愉快，才能产生最高的效率。三是人事并重的领导方式。持这种领导方式的领导者认为，既要重视人，也要重视工作，两者不可偏废。既要改善工作条件和环境，充分发挥人的主观能动性，使部属有饱满的工作热情和主动负责的精神；又要对工作严格要求，赏罚分明，使部属保质保量地完成行政工作计划，创造出最佳成绩。

三、行政领导的职位、职权和职责

行政领导的职位：是指权力机关或人事行政部门根据法律与行政规程，按规范化程序选举或任命行政领导者担任的职务和责任。行政领导者职位是以"事"为中心确定下来的，职位的设置有数量的规定性，职位本身具有相对的稳定性。

行政领导的职权：是指法定的与行政领导者职位相当的行政权力。行政领导的职权主要有职位权力和非职位权力，职位权力主要包括合法权、奖励权与强制权，非职位权力主要包括专家权、背景权与参考权。

行政领导的职责：是指行政领导者在履行职务过程中所应尽的义务，是对国家和政府委托的任务应负的责任。行政领导者的责任包括政治责任、工作责任和法律责任。

行政领导者的职位、职权和职责是实施行政领导活动不可缺少的三个要素，领导职位是领导职权与领导责任的前提与基础，领导职权和领导责任是构成领导职位的两个不可缺少的要素。职位的性质决定职权与职责的性质，职位的性质与职能的高低，决定着职权的大小和职责的轻重。领导职权源于领导职责，责任在先，权力在后；职权和职责是一致的。行政领导者的职位、职权和职责应当是三者的有机统一，不可偏废，任何职位、职权与职责相分离的现象，都会带来不利影响。

四、行政领导者的基本素质

行政领导者的素质是指行政领导者所具备的心理和智力，经过后天教育与实践所形成的行政领导者必须具备的价值取向、心理特点、文化修养、智慧、能力和品德的综合条件。

行政领导者素质主要包括政治素质、文化素质、道德素质、能力素质、心理素质与身体素质。政治素质包括：坚定信念，忠于国家，忠于党；忠于政府，忠于人民，忠于职守。文化素质主要有：一般文化知识；专业知识；管理知识。能力素质，主要包括创新能力和综合能力。综合能力主要包括信息获取能力、利益整合能力、知识综合能力、组织协调能力；创新能力主要包括洞察力、预见力、决断力、推动力、应变力。道德素质主要包括大公无私，克己奉公；实事求是；严于律己，宽以待人；个人修养。心理素质主要表现为：敢于决断的气质；竞争开放型的性格；坚忍不拔的意志。身体素质主要包括健康的体魄，充沛的精力，巨大的体能潜力，强大的生理适应性，以及旺盛的生命力等。

五、行政领导班子的素质结构

行政领导班子的素质结构主要，包括：一是年龄结构，指行政领导班子由不同年龄合理构成的最佳年龄结构，它是根据不同的领导层次，由老年、中年、青年干部按合理的比例构成的综合体。二是知识结构，指行政领导班子中各种知识的合理构成，现代行政领导班子的组成，应该是具有较高文化知识水平和专业知识水平的各类人才的合理搭配，从而达到相互补充，使整个行政领导班子成为具有综合业务能力的整体。三是智能结构，指行政领导班子内不同类型智能的领导成员之间的合理构成。四是气质结构，指领导班子在不同气质和性格方面的合理构成。

行政领导班子素质优化的主要原则，包括：一是相互补充原则。即在领导集体素质结构优化的过程中，要从整体上分析，取长补短。二是整体效能原则。领导集体素质结构的优化的最终目的就是使领导集体提高整体效能。三是相对稳定原则。对于一个领导集体来说，其成员的变动不宜频繁。四是自我调整原则。领导集体素质结构也应随着领导环境的变化而做相应的调整。五是制度保证原则。领导集体的整体效能不仅需要各领导集体成员过硬的作风，还需要领导制度作为保证。

【示范案例】

☞ 示范案例3-1

"新官不理旧事"酿巨额行政赔偿

湖南省张家界市一家民营运输企业16台价值360多万元的客车，因为4年来都无法办成运营证，最后变成一堆废铁。企业无奈将交通运输管理所告上法庭。按当地政府有关文件精神，此类车辆需先办理运营许可证，才可到交通管理部门上车牌照，否则不能上路行驶。近日，张家界市中级人民法院对此案做出终审判决，认定运管所不依法履行职责行为违法，判决运管所赔偿运输企业损失和利息合计近400万元。因为赔偿金额巨大，该案也成了张家界市迄今为止的最大一桩行政赔偿案件。

记者调查发现，此案并非一个简单的行政诉讼案件，其背后隐藏着一个久治未愈的痼疾——"新官不理旧事"。如今，尴尬局面已造成：一个年收入只有几十万元的区运管所，将如何面对这笔巨额行政赔偿款？谁该为此埋单？该不该追究不作为人员的责任……

一个杂草丛生的操场上，8台客车一字排开，车身布满灰尘，部件残缺不全。客车轮胎已完全风化，用手一掰，轮胎上的橡皮撒落一地。客车停放地方位于湖南省张家界市市区路旁。这些久停未动的客车正是张家界市最大行政赔偿案的"主角"。

"给它们办个合法上路的'身份'为什么就这么难呢？"4年奔波，张家界市永通运输公司董事长瞿光猛已记不清跑过了多少部门。申请、申请、再申请，却换不回交通部门是否许可的正式答复，直至新车成废铁。

少数政府部门工作人员"新官不理旧事"的"惰政"思想是祸根。瞿光猛对记者说。

瞿光猛说："眼看公司的新车将面临无法办证的局面，我急得像热锅上的蚂蚁，几乎天天往区运管所、区交通局跑，可还是没引起他们的重视。区运管所所长李晓春任职后，我经常为办营运手续的事去找他，但他对我说，'别来找我，新官不理旧事'。"

2008年5月30日上午，离"大限"之日还有一个月的时间，永通公司工作人员杨大志在公证人员的陪同下，将一份《要求车辆入户的紧急报告》及其他相关材料送给了区运管所所长李晓春。

然而，这纸紧急报告依旧没有挽回这批车辆变成废铁的命运。直到2008年6月30日的最后截止日期，因为办理不了道路运输经营许可证，这批客车依旧没有获取上路的合法"身份"。

瞿光猛告诉记者，与8台中巴客车一样遭遇报废命运的，还有另外8台大型客车。2006年7月8日，经区交通局有关领导签字同意后，永通公司购买了8台大型旅游运输高档客车，但由于区运管所没有办理相关营运手续，导致这8台车辆也无法到交警部门办理牌照，最后也成了一堆废铁。

据粗略计算，两个行政案件均因"未依法履行法定职责"遭败诉后，永定区运管所将要向永通公司支付近 400 万元的行政赔偿款和利息。

"就因为运管所个别干部的行政不作为，结果不仅给我个人，还给国家造成这么大的损失，使我个人和运管所都背上了巨额的债务。"瞿光猛对记者说。

"几年来，光停车费用就达到了 20 多万元。后来实在付不起停车场高额的停车费，才将车停到了这个草坪上，这里每台车一个月只要 100 元的停车费用。"瞿光猛对记者说，"法院只判决运管所赔偿我的直接损失，而 200 多万元的间接损失还得我自己埋单。"据记者了解，除了停车费外，永通公司每月还要向银行和担保公司偿还数万元的贷款，沉重的债务已使瞿光猛心力交瘁。

同样背负巨额债务的还有永定区运管所，近 400 万元的行政赔偿款使这个小小的运管所处境堪忧。

"这桩行政案件虽然已经判决了，但有些政府部门工作人员并没有通过此案吸取教训，也没意识到行政不作为的危害性，'新官不理旧事'这类观念在许多地方政府工作人员思想中还广泛存在。"永通公司行政案件代理人周浩对记者说，希望这起案件能对一些不作为的政府工作人员起到警醒作用。

（案例来源：2009 年 08 月 13 日《法制日报张家界（湖南）》，记者：杜晓，原文标题："新官不理旧事"酿巨额行政赔偿谁埋单。引用时有删减。）

思考题

1. 结合案例内容，从领导权力与责任的角度谈谈"新官不理旧事"反映了什么问题？

2. 结合案例内容，谈谈"新官不理旧事"有哪些不良影响？

3. 从领导职位、职权与职责之间的关系角度，谈谈"新官"是否应谋"旧事"？

分析提示

1. 结合案例内容，从领导权力与责任的角度谈谈"新官不理旧事"反应了什么问题？

因"新官不理旧事"，致使 16 台新车报废，判决湖南省张家界市永定区运管所赔偿运输企业损失近 400 万元的这起经济赔偿案件，从表面上看，是前"任遗留的问题，我管不了"，似乎是在强调各负其责，前任负责前任遗留的问题，新上任的领导不负责前任的事情。但实际上仔细思考，新官这种对前任领导留下的问题"不理不问"的做法，正是他的权力观与责任观出现错位和偏差，为人民服务的权力观念弱化，他们往往把手中的权力视为个人物品，没有承上启下的大局意识；为民负责的责任意识淡薄，觉得"旧事"就像"烫手山芋"，万一出了什么问题，是自找麻烦；同时也是新官短视的不正确的政绩观在作怪。

2. 结合案例内容，谈谈"新官不理旧事"有哪些不良影响？

"新官不理旧事"致16台新车报废，近400万元的损失已经造成了，这是不争的事实。这是执法人员的不作为而酿成的严重后果。可见，旧事其实很多都是和群众利益直接相关的，"新官不理旧事"的做法极其有害，不但严重损害了群众的利益，而且造成了群众与行政执法部门的矛盾，使政府的威信降低，严重损害了党和政府的形象。总之，新官不理旧事，民心难得；不理旧事，新事难立；不理旧事，政绩难显。历史经验表明，任何地方的持续发展，不是一朝一夕的功夫，而是一场艰苦的接力赛，需要一棒接一棒地跑好。

3. 从领导职位、职权与职责之间的关系角度，谈谈"新官"是否应谋"旧事"？

领导职位、职权与职责之间的关系主要体现在：

（1）领导职位是领导职权与领导责任的前提与基础，领导职权和领导责任是构成领导职位的两个不可缺少的要素。

（2）领导职权与领导职责是由领导职位衍生出来，职位的性质与职能的高低，决定职权与职责的性质，决定着职权的大小和职责的轻重。

（3）领导职权源于领导职责，责任在先，权力在后；职权和职责是一致的，一方面有权必须有责任，没有责任的权力是无限度的、不合理的权力；另一方面权力和责任必须在量与度两个方面保持统一与协调。

由此可知，职位是职权与职责的前提，谁当官谁负责谁就拥有相应的权力，一切民生的旧账，都应该由谁当官谁接任。领导干部履新职，职务范围内的事，新官都应当责无旁贷地"埋单"，而且无论旧事新事，都是应该做好，"新官"理"旧事"是为官之责。进一步思考，"新官"也好，"旧官"也好，都是共产党的"官"，都是人民公仆，都是代表一级政府讲话、办事的，"新官"与"旧官"不是个人与个人之间的关系，更不是"改朝换代"，而是党和人民事业的延续，是历史的延续。因此，"新官"应当善谋"旧事"，但凡新官必须先处理旧事，"新官"善谋"旧事"，可以通过处理旧事，充分了解更多真实的民情民意，及时化解社会矛盾；可以避免冤假错案重叠，导致民怨四起；可以旧事为镜，总结经验，预判未来。

当然，新官不仅要有"理旧事"的意识，还要有善于"理旧事"的技巧，新官要理旧事，并不是说就要稀里糊涂地"照单全付"，而是应当认真对待，必须先了解过去的情况，必须进行全面的调查摸底。

（说明：本题无标准答案，以上观点仅供参考。）

☞ 示范案例 3-2

"风水"现象折射官员不良心理

据记者了解，近些年，被媒体爆出的地方官员信奉风水，且因为贪腐落马的案例并不少见。

据记者了解，其中，发生最早也是最常被提及的是 1995 年山东省泰安市委书记"胡建学案"。曾有"大师"预测胡建学可当副总理，只是命里缺一座"桥"，他因此下令将已按计划施工的国道改道，使其穿越一座水库，并顺理成章地在水库上修起一座大桥。不过，他终究与副总理职位无缘，因贪污受贿罪行暴露，被山东省高院判处死刑缓期两年执行。

这样的案例比比皆是：

随着风水建筑向公共建筑、政府工程渗透，譬如湖南怀化的"镇妖塔"、山西的"粮神殿"、山东泰安的"升官桥"、河南桐柏的"风水广场"等陆续面世。

某县政府主要负责人认为县城主干道正好冲着县政府大门，风水不好，于是就在这条主干道上放了一架退役歼 6 歼击机，飞机寓意升官发财，但这条主干大道却成为断头路。

某市原有一湖叫骆马湖，但有关部门认为骆马湖谐音为"落马湖"，不吉利，便要改名为"马上湖"（"马上福"）。

某市市政管理部门半年之内两下公文要求拆移投资 3000 多万元的关公像，其主要原因，据公文所言是：将军山关公像理应拆移，原因是"关公像以傲视万夫的姿态俯视端城，甚为不妥"，"以一武财神傲视所有党政机关，有失君行"。

西部地区某国家级重点贫困县，耗巨资搬运一块被奉为神石的大石头，以寓意"石（时）来运转"。

河北省原常务副省长丛福奎，在家中专设佛堂、供神台，常常烧香拜神；重庆市委宣传部原部长张宗海，不惜花费 40 万元巨资于大年初一前往名寺古刹"争"烧第一炷香。

山西省灵石县原县委书记杨洪为了保佑官运亨通、步步高升，将当地的石膏山改名为"仕高山"，寓意"凡到仕高山者，无官者可以入仕，居位者可以升迁"。为了此山改名，他还不惜编造历史，将宋太祖赵匡胤都搬了出来。

湖南省有色金属工业总公司原副总经理（副厅级）官员李会刚，因为一"大师"预言他至少能官至副省级，拿了 149 万元奔京城去购买官位。长沙市中院以贪污、受贿罪判处李会刚有期徒刑 15 年，并处没收财产 4 万元。

河北省国税局前局长李真。刚当局长没多久，就找到一位风水"大师"，让他给自己算算多长时间能当封疆大吏。"大师"说："你长不过 5 年，短不过 3 年。"他一听高兴极了，从口袋里马上拿出 5000 元，甩给了这个"大师"。"大师"说你再加 1000 元吧，我图个顺，没想到李真又拿了 3000 元给他，说我就图个发。最后不但封疆大吏没有当成，反而成了一名死刑犯。

湖南省冶金集团总公司原总经理、正厅级干部邹恒春，酷爱占卜算命，最崇拜长沙开福寺的一个老尼姑。该尼姑曾"预测"他在 50 岁之前会遭遇一次车祸，政治上也会有一劫。2002 年他被省纪委"双规"后，不是总结自己的教训，而是感叹自己命该如此。

早在 2007 年，在国家行政学院的程萍博士完成的《中国县处级公务员科学素质调查报告》中显示，一半以上的县处级公务员多少都存在相信求签、相面、星座和周公解梦 4 种迷信的情况《民主与法制时报》。

国家行政学院曾对县处级公务员进行过一项有关迷信的专项调查。结果显示，县处级干部相信迷信的情况较为严重，相面、抽签、测字、解梦、星座预测，他们都信。

现在公务员相信风水的程度如何呢？法治周末记者就此采访了山东省某市的一位正科级干部严先生。这位并不相信风水的官员告诉记者，官员升迁，更换办公室，让风水先生来看一看，是官场一个公开的秘密。

"风水师，一般都是下级推荐给上级的。风水师帮官员看（风水）一般都是隐蔽进行。虽然不会大张旗鼓，但是事实上，人人都知道。大家不会说，但是大家都这么办。"严先生告诉记者，小到办公室的布置，石头、字画、金鱼、盆栽、桌子沙发的摆放，大到广场的设计，办公楼的朝向等城市项目建设规划，风水师都会涉足其中，"这些设计都是有讲究的"。

针对官员看风水的现象，一位不愿意透露姓名的北大心理学博士分析认为："官员普遍都比较焦虑，压力比较大。他们希望能够通过外界符号化的象征，来给自己一种类似神灵信仰方面的寄托。从心理的角度讲，这是一种缓解压力的方式。"

（案例来源：2012年11月14日《重庆晨报》，作者：汲东野记，原文标题：媒体称官员爱风水是公开的秘密；2010年11月12日，西部网，作者：汤兆云，原文标题：官员屡陷"风水漩涡"三原因致"不问苍生问鬼神"。引用时有删减和修改。）

思考题

1. 行政领导的权力来源于哪里？"风水"能否保住或提升领导干部的职权或官位？

2. 从心理的角度谈谈某些领导干部"不问苍生问鬼神"的主要原因是什么？

3. 领导干部应该具备怎样的心理素质和权力观？提升领导干部权威的关键是什么？

分析提示

1. 行政领导的权力来源于哪里？"风水"能否保住或提升领导干部的职权或官位？

行政领导权力既包括权力性影响力，又包括非权力性影响力。

行政领导的权力主要来源于四个方面：一是合法权力。合法权力亦称法定权力，是指领导者在行政组织中所具有的法律地位。二是奖惩权力。这是领导者权力的重要来源，它产生于合法权力。三是专业知识权，又称为专家权。四是归属权，又称关系的权力。而根据马克斯·韦伯的权力理论，权力来源于三个方面：一是传统性权威，二是魅力型权威，三是合法性权威。

"风水"既不能够提升合法权力，也不能够增强奖惩权力，更不能够增进专业知识权和归属权，而且，"风水仕途"是对权力的错误解读，是不可能保住或提升领导干部的职权或官位的，相反，还可能使领导干部的仕途戛然而止，甚至送上断头台。

2. 从心理的角度谈谈某些领导干部"不问苍生问鬼神"的主要原因是什么？

风水曾经是原始社会对自然环境的朴素解释，在科学并不昌明的古代，这些都是可以理解的。在一些官员看来，未来存在很多不确定性，自己不能掌控，就求诸鬼神，找寄托。而关于风水"成功"的各种传说流言，会给官场上的官员们某种强烈的心理暗示。官员想步步高升本无可厚非，不过那要基于你为老百姓做出了多大贡献，而不是源于风水保佑。

官员从接触风水，到相信风水，从不同角度分析会有不同的原因。从心理的角度来讲，"风水"折射出的是官员的不良心态，主要是源于领导干部的压力过大，这些压力可能是源于工作本身，可能是源于职位晋升，也可能是源于官场规则或者源于官场复杂的人际关系。但是，更主要的心理动因在于心里缺乏信仰、缺乏精神寄托，对官位和金钱过于迷恋。

3. 领导干部应该具备怎样的心理素质和权力观？提升领导干部权威的关键是什么？

"风水"现象折射出了领导干部不良的心理素质。作为领导干部，健康的心理素质非常重要。领导者的心理素质是指领导者的个性品质，它主要包括性格、气质、意志等方面。领导干部应该具备以下良好的心理素质：宏远坚定的心志、客观全面的认知、宽广豁达的心胸、淡泊平常的心态、积极稳定的情绪、顽强拼搏的意志、独立健全的人格以及和谐友善的人际。

"风水"现象折射出了领导干部不良的权力观念。作为领导干部，科学的权力观念非常重要。对行政领导而言，科学的权力观念主要包括：一是民本权力观，领导者手中的权力来自人民的授予，而不是自己的垄断。二是代理权力观，领导者并不是天生的，他是受人民的委托来从事领导和管理工作的。三是责任权力观，领导者应该把职权视为责任的外化物，领导者要对人民负责。四是积极权力观，将个人权力和职位权力实现完美的结合，才能使领导者释放出一种积极的力量。五是奉献权力观，领导者的权力来源于人民，就要服务于人民。领导者应该时刻准备着牺牲自己的个人利益，甚至奉献出自己的生命。

提升领导干部的权威，不是"风水"先生能左右的，领导者干部除了恰当运用职位权力这一强制性的影响力之外，更多地应在非权力性影响力上下功夫，应从以下几个方面加以努力：一是以德取威，用优良的品德感染人。德是为人之本，为官者如果品德高尚，正气浩然，就必然会产生人格力量，威望就不言自高。二是以学取威，用广博的学识折服人。三是以"才"增威，用卓越的才华增强领导魅力，用超群的才干带动人。四是以"干"壮威，用务实的作风展现领导魅力。五是以信取威，用诚实的态度取信人。

（说明：本题无标准答案，以上观点仅供参考。）

【案例作业】

案例作业 3 -1

哪种领导方式好?

A、B、C 在大学期间就是挚友,被同学们称作"桃园三兄弟"。三个大学期间的同学,20 世纪 60 年代初毕业后,各奔前程,少有来往。20 年后,一次偶然的机会他们在校友会上又见面了,想不到都被推上了领导岗位,分别在三个工业局担任分管生产的副局长。这三位老同学,新局长,聚在一起,自然就说到了走马上任时的各自经历。

A 副局长说,他上任后抓的第一件事是:召集有关处室的负责人开座谈会。他认为,通过这种形式,一方面可以让大家了解自己,另一方面自己又可以熟悉各处室的负责人,从而对局里的整个情况有一个大致的了解。为了尽快熟悉分管工作的情况,他采取的方法是:机关工作一有空闲,就深入到局属厂矿、公司去,力争在最短时间内,熟悉各基层单位情况。

B 副局长与 A 副局长不同,他上任后选择做的第一件事,是与局其他领导逐个进行一次谈心,向他们了解局里的情况,谈谈自己新上任后的想法。这位副局长说这样做可以先沟通领导班子的思想,彼此有所了解,为今后顺利开展工作打下基础。他说:"作为一个领导干部,就是要十分熟悉所辖的干部群众,与他们建立起密切的联系,只有这样,才能在指挥上有发言权。"

C 副局长上任后做的事又完全不同于前两位。他显得很自信,上任后即行使职权,要求有关处室画出六张图来,这六张图的内容分别是:组织结构图、功能图(岗位责任制)、内部关系图(处、室内部关系以及协调)、外部关系图(处室与处室之间和处室与外局对应处室之间的关系)、信息流程图、局内重大事情处理程序图。他自己也参加这项工作,并根据自己的理解与同志们共同商讨和修改。他谈到为何要选择这样一种方法时说:"要尽快熟悉局里的情况,依靠传统的做法是很难在短期内做到尽快熟悉的。现在,我构思出六张图,并参与有关处室绘图的过程,是因为通过看这六张图,可以在较短时间内基本了解清楚局里的机构设置、工作范围、相互关系等,以后在深入厂矿、公司研究工作处理问题时，也基本可以做到心中有数。"

（案例来源：转引 2010 年 05 月 21 日，圣才学习网，网址：http://jingji. 100xuexi. com/view/examdata/20100521/D10CBCD2 – B88F – 41DA – BDF8 – 1461B1DF2E31. html，原文标题：领导的力量）

思考题

1. 一般而言，领导方式有哪几种形式？

2. 结合案例内容，谈谈 A、B、C 三位副局长上任后实行了哪种领导方式？

3. 对这三位领导的领导方式进行评价，谈谈这三种领导方式的优劣利弊，并说明理由。

案例作业 3 – 2

浙江天台首创领导干部选拔要考写微博

写微博首次成为选拔干部的考题。近日，浙江省台州市天台县干部选拔考试总分为 150 分的笔试试卷中，设置了一道 10 分的微博写作题，要求根据一段约 1 分钟的电视新闻片及 300 多字的解说词，在"微天台"发一条我县举办天台鱼香节的微博。

天台县这道微博考题设定的具体评分标准是：文字生动有创意、能吸引眼球，得 8 分以上；平铺直叙，没有"吆喝"效果，得 5 分以下；超过 144 个字要扣分。评分标准中有两个关键词，吸引眼球、吆喝效果。

一次严肃而正规的干部选拔考试中还要考写微博，这道要求考生写出"吆喝效果"的考题，确实吸引了不少眼球。

为何要设微博考题？写一条微博能考查出干部的什么能力？作为一个位于浙江东部的山区县，天台为什么成了第一个吃螃蟹的？作为命题负责人，台州市委组织部干部教育处处长郦森迪言语中透着对微博题创意的满意，他在微博上说，将写微博作为考题之一是出于两个目的：微博是学习、交流信息的平台，领导干部必须学会用微博；微博要求控制在 140 个字以内，语言必须精炼、生动，它是考查文字表达能力的手段。

微博写作题的直接评卷人、台州市委宣传部部务会议成员、办公室主任陈永渊在接受中国青年报记者采访时说："微博在天台县领导干部里的普及率比较高，微博应用氛围浓，因此，考查微博写作是'因地制宜'，维护干部用微博、写微博的大环境。"陈永渊认为，微博考题的设置是考核干部网络行政能力的新手段。

陈永渊说，县委书记李志坚做表率，在天台的领导干部中，半数拥有个人微博。有的领导虽没有实名认证微博，也常用化名在微博上了解民意，收集信息。去年 11 月，李志坚点击开通"微·天台"微博平台，天台由此成为浙江首个推出动态微博门户的市县。天台所有的 90 多个县级部门、乡、镇、街道官方微博都落户这个平台，这里成为天台官员们的网络办公之所。

网络行政能力纳入官员水平的考核并非台州首创：今年 6 月底，广东省考核全省 21 个地级以上市党政主要负责人的上网水平，内容包括发邮件、看微博、上 QQ、回复网友问题、进行视频对话等。此外，还有地方党校专门开设微博课程。

微博进入干部选拔试题，不仅引发民众、媒体，乃至联合国机构的评说，也引来全国各地官员的热议，一题激起千层浪，大家褒贬不一。

（案例来源：2012 年 07 月 26 日《中国青年报》，记者：孙翠翠、陈璇，原文标题：选拔考写微博要求吸引眼球 评卷人回应质疑；2012 年 07 月 25 日，新华网浙江频道／都市快报，记者：王中亮，原文标题：浙江天台首创官员选拔要考写微博。引用时对相关内容进行了整合、删减与改动。）

思考题

1. 信息时代对领导干部的素质提出了哪些要求？
2. 懂计算机、会上网、善写微博是不是领导干部不可缺失的素质？
3. 如何看待案例所反应的"领导干部选拔要考写微博"？

案例作业 3－3

山东曲阜拟规定官员不孝者不得获提拔重用

每周帮父母做一次家务；每月带父母理一次发，给父母洗一次脚；每年给父母的生活费用不少于月平均工资或收入……在倡导仁义礼的中国先贤孔子的家乡山东曲阜，孝道如今成了对全体官员的硬性要求。

10 月 23 日时值农历九月初九，是中国传统的尊老节日重阳节。曲阜市委书记李长胜 22 日在曲阜市打造"彬彬有礼道德城市"动员大会上说，要将孝道作为干部提拔使用的"红线"，不孝者不得提拔重用！

今年 8 月，曲阜市下发《关于打造"彬彬有礼"道德城市的意见》，决定在全市开展"彬彬有礼"主题教育活动。22 日的动员大会标志着道德城市建设的全面铺开。

李长胜表示，曲阜素有"文明之乡、礼仪之邦"的美誉，打造"彬彬有礼道德城市"是应有之义。

2500 多年前，孔子继承弘扬"周礼"，所倡导的"仁、义、礼、智、信"等思想已成为中华民族文化的精华。《意见》说，作为孔子故里、儒家文化的发祥地、首批历史文化名城之一，曲阜理应继承先人遗志，弘扬传统美德，走在前列。

目前，遍布曲阜全市的 600 所"彬彬有礼教育学校"是曲阜开展"彬彬有礼"主题教育的载体，当地还组建了 200 人的专兼职教育培训队伍，印发 10 万册培训教材，发送到了每一个市民的手中。

"何谓'彬彬有礼'：质胜文则野，文胜质则史，文质彬彬然后君子。""接听电话是个人素质的直接体现，声音要清晰、亲切、悦耳……"在培训教材上，记者看到详细的礼仪起源、内容和在各种不同场合下的文明礼仪规范介绍。

针对不同的受众对象，曲阜从公共礼仪、职业礼仪、家庭礼仪、个人礼仪四个方面入手设置了相应的精品课程。比如，在学校侧重"论语诵读""感恩教育"等传统文化教育；在全市党员干部中则大力开展"政德教育"，实施"干部修身计划"工程……

曲阜市打造"彬彬有礼"道德城市领导小组要求，全市各级将打造"彬彬有礼"道德城市纳入精神文明建设考核体系，作为年终评先树优的重要依据；定期组织评议监督，积极发挥调解委员会、妇女组织及道德评议会的作用，加强引导和监督。

李长胜表示，要将曲阜打造成一个名副其实的"彬彬有礼"道德城市，形成以"爱"为核心的社会风尚；以"诚"为核心的职业操守；以"孝"为核心的家庭美德和以"仁"为核心的个人品质。

（案例来源：新华网济南 2012 年 10 月 23 日电，记者刘宝森、席敏，原标题：孔子故里打造道德城市 孝道成官员硬性要求。引用时有删减。）

思考题

1. 谈谈优秀的行政领导干部应具备哪些基本素质？
2. "孝"考核的是领导干部哪方面的素质？
3. 如何看待案例所反应的"官员不孝者不得获提拔重用"？

案例作业 3－4

2012 年新一届中央领导班子

2012 年 11 月 15 日，新一届中央政治局常委同中外记者见面，本届常委人员共计 7 人，分别为习近平、李克强、张德江、俞正声、刘云山、王岐山、张高丽，习近平当选中共中央总书记和中央军委主席。

中央领导机构成员简历情况如下：

习近平同志简历。习近平，男，汉族，1953 年 6 月生，陕西富平人。1969 年 1 月参加工作，1974 年 1 月加入中国共产党，清华大学人文社会学院马克思主义理论与思想政治教育专业毕业，在职研究生学历，法学博士学位。现任中央委员会总书记、中央军事委员会主席，中华人民共和国副主席，中华人民共和国中央军事委员会副主席，中央党校校长。

李克强同志简历。李克强，男，汉族，1955 年 7 月生，安徽定远人。1974 年 3 月参加工作，1976 年 5 月加入中国共产党，北京大学法律系和经济学院经济学专业毕业，在职研究生学历，法学学士、经济学博士学位。现任中央政治局常委，国务院副总理、党组副书记。

张德江同志简历。张德江，男，汉族，1946 年 11 月生，辽宁台安人，1968 年 11 月参加工作，1971 年 1 月加入中国共产党，朝鲜金日成综合大学经济系毕业，大学学历。现任中央政治局常委，国务院副总理、党组成员。

俞正声同志简历。俞正声，男，汉族，1945 年 4 月生，浙江绍兴人。1963 年 8 月参加工作，1964 年 11 月加入中国共产党，哈尔滨军事工程学院导弹工程系弹道式导弹自动控制专业毕业，大学学历，工程师。现任中央政治局常委。

刘云山同志简历。刘云山，男，汉族，1947 年 7 月生，山西忻州人。1966 年 9 月参加工作，1971 年 4 月加入中国共产党，中央党校大学学历。现任中央政治局常委、中央书记处书记。

王岐山同志简历。王岐山，男，汉族，1948年7月生，山西天镇人。1969年1月参加工作，1983年2月加入中国共产党，西北大学历史系历史专业毕业，大学普通班学历，高级经济师。现任中央政治局常委，中央纪委书记，国务院副总理，党组成员

张高丽同志简历。张高丽，男，汉族，1946年11月生，福建晋江人。1970年8月参加工作，1973年12月加入中国共产党，厦门大学经济系计划统计专业毕业，大学学历。现任中央政治局常委。

分析发现，通过党内一系列规范程序选举产生的这个政治精英群体，具备了一些新的特质，如：都具有大学以上学历，人文社科背景成为群体特征，知青经历练就务实风格，执政实践经验异常丰富。这些新的特质，将使他们更好地承担重责，带领中国人民走向下一个美好的5年，乃至10年。

代表们一致认为，新一届中央委员会和中央纪律检查委员会，是一个朝气蓬勃、奋发有为、值得信赖、充满活力的中央领导集体。他们思想政治素质好，工作实绩突出，思想解放，求真务实，熟悉国情，了解世界，具有现代化的理论思维和战略思维能力，善于驾驭复杂局面，为民、务实、清廉，党内外认可程度比较高。

（案例来源：2012年11月15日，新华社，编辑：马里，原文标题：新一届中央政治局常委简历；2012年11月22日《人民日报》（海外版），原文标题：205名中央委员来自哪里？有何特点？引用时有删减。）

思考题

1. 合理的领导班子结构应包括哪几个方面的内容？

2. 结合领导班子结构优化的主要方面，谈谈案例中新一届中央领导班子在结构上是否优化？

3. 谈谈领导集体素质结构的优化原则及优化途径。

第四章　行政决策

【理论概要】

本章主要探讨六个方面的问题：

一、行政决策的基本概念与特征

行政决策是指政府机关及国家公务员为履行国家的行政职能，对所要解决的问题出主意、作决定的活动。

行政决策的主要特征有：

(1)行政决策主体的特定性。行政决策是处理国家事务时做出的决策，只有具有管理国家公共事务的行政权的组织和个人才能成为行政决策的主体。

(2)决策内容上的特性。行政决策内容涉及到整个国家和社会范围的一切公共事务。

(3)决策所代表利益的特性。任何行政决策都是处理国家公共事务的，都要反映国家和人民的意志，代表整个国家和人民的利益。

(4)决策依据上的特性。行政决策代表国家意志和利益，必须根据党和国家的政策法律制定，各项措施以国家权力为后盾。

(5)决策所约束的范围上的特性。行政决策的约束范围要比任何其他管理决策的约束范围广泛得多。

二、行政决策的重要作用

(1)行政决策是行政管理过程的首要环节和执行其他各项管理职能的基础。

(2)行政决策是行政领导者的基本职能。

(3)行政决策正确与否是行政管理成败的关键。

三、行政决策的分类

（1）依据行政决策主体地位的不同，可分为国家决策和地方决策。

（2）依据行政决策涉及问题的规模和影响程度的不同，可分为战略决策、战役决策和战术决策。

（3）依据决策目标性质的不同，可分为程序化决策和非程序化决策。

（4）依据决策条件和结果的不同，可分为确定型决策和非确定型决策。

（5）依据决策目标要求，可分为最优决策和满意决策。

四、行政决策的基本原则

（1）预测原则。行政决策是规划未来的行政目标和行动，必然有预测，必须采用科学方法，依据可靠信息，对决策问题的未来发展、将出现的环境变化及决策方案实施的结果等做出正确的评估。

（2）系统原则。运用系统分析的理论和方法进行决策活动，是现代行政决策的客观要求，必须运用系统分析的理论与方法把决策对象、问题与决策者自身都放在他们所处的大系统中去观察，认清整体与局部、整体与层次、内部与外部等各要素之间的互动关系，使决策达到整体化、综合化要求。

（3）信息原则。信息是决策思维的原料，及时、准确、全面的信息是正确决策的前提，决策过程实际上是信息收集加工处理的过程。

（4）可行原则。决策必须具备实施的现实条件，切实可行，要对决策目标和方案进行充分的可行性分析。

（5）择优原则。对比择优是决策的关键步骤，没有对比，就无法辨别优劣，要对多种目标和多个可行方案做出全面的权衡，选出效益最大、可靠性最大、弊端最小的。

（6）动态原则。行政现象是随着社会经济的进步而变化的，并且任何一个行政决策构成要素的变化，都会影响其他相关要素的变化，为此，决策要有弹性。

（7）民主原则。行政决策民主化是指广开言路、集思广益，让社会公众行使参与国家社会事务管理的民主权利，由决策集团、智囊团、人民群众三方面有机结合的决策过程。

（8）服务原则。社会主义国家的性质决定，任何层次的行政机关和行政人员都是代表人民意志从事公共事务管理，为人民服务。

五、行政决策的基本程序

（1）发现问题，确定目标阶段。发现问题是行政决策活动的起始点，确认了问题，找到了原因，探明了解决问题的环境条件，就可以确定决策目标；明确目标，就为决策活动指明了方向。

（2）拟制备用方案阶段。决策目标确定以后，就要从多方面寻求实现目标的有效途径，拟制各种可供选择的方案；这个阶段包括两个相互衔接的环节：一是集思广益，粗拟方案；二是精心设计，拟定方案。行政决策备用方案必须具有创造性、可行性、多样性、群众性等特点。

（3）选择最佳方案阶段。这是行政决策的关键阶段。在这一阶段，首先要对各种可行性方案的经济效益、社会效益和方案实施时将会遇到的困难、阻力等限定因素以及敏感度进行分析对比、全面评估、总体权衡，然后在此基础上按照全局性、长远性、效益性、适应性等选择标准进行选择，拍板定案，从中选出或综合成一个最佳方案，形成决策。

（4）方案的修订与完善阶段。由于现代行政决策的复杂性和决策者认识能力的局限性，已确定的决策方案不符合或不完全符合客观实际的情况时有发生，这就要求决策者在决策方案进入实施阶段后，必须建立正式的决策追踪和监测制度，对决策实施情况进行经常性的考察、监督、测定、评估和核实，同时建立畅通的信息反馈渠道，使决策者及时了解方案实施情况，以便及时采取修正措施。

六、行政决策体制的构成

（一）行政决策中枢系统

行政决策中枢系统，也称行政决策中心或首脑机关，是由拥有行政决策权的领导机构或领导者以及协助领导者进行决策的工作机构组成。行政决策中枢系统是行政决策体制的核心。决策中枢系统的主要任务是领导、协调、监控整个决策过程，确认决策问题和决策目标，并对决策方案进行评估选优，最终拍板定案。决策中枢系统的领导者的行为影响到决策成败，是整个决策系统的操纵者。为此决策者应具有较高的文化素质和丰富的决策经验，有面向未来、面向世界的领导观念和民主、科学的决策作风。

（二）行政决策咨询系统

行政决策咨询系统是指为行政决策服务的研究咨询机构，是广泛开发智力、协助决策系统决策的组织形式。在行政决策活动中，由于决策者个人的能力、知识和经验是有限的，为了保证决策的正确性，就有必要借助于咨询机构为之出谋划策，发挥他们在行政决策中的辅助作用。行政决策咨询系统既要有合理的智力结构，又要使研究工作有相对独立性。行政决策咨询系统的主要任务是：第一，协助决策者进行预测；第二，为决策提供备选方案；第三，为决策者提供反馈信息；第四，发表不同意见；第五，培训、储备和交流人才。

（三）行政决策信息系统

行政决策信息系统是指为行政决策中枢系统和咨询系统收集、加工、传输、贮存行政信息的组织机构。行政决策信息系统的构成有：信息源、信息通道、信息搜集加工机构。行政信息系统的工作包括获取信息、处理信息、传输信息和贮存信息。行政信息系统作为行政决策体制的"神经系统"，主要发挥以下几个方面的作用：第一，及时准确地收集、处理信息；第二，提供制订方案的依据；第三，利用先进的电子计算机系统，协助决策者对各种方案进行比较和评价，选择最优方案；第四，搜集与传输决策执行的反馈信息，为决策者修正决策和控制执行系统提供依据。

（四）行政决策监控系统

行政决策监控系统是指对行政决策者的决策行为和行政决策内容依法进行监督和控制的系统。行政决策监控包括监督行政决策者是否依法行使行政决策权，在决策中有没有违法行为，决策活动是否遵循科学程序，决策体制的各个构成系统是否健全和有机衔接，决策是否符合客观实际、民意和法律要求，等等。

（五）行政决策执行系统

行政决策执行系统，是指将观念形态的政策内容转化为现实形态的政策效果的系统。它一般由行政决策执行组织及其人员尤其是各级政府机关与公务员所组成。行政决策执行系统工作状况的好坏决定着正确的行政决策能否变成社会现实，能否达到预期的政策目标，同时它也关系着行政决策能否在实际执行中得到很好的检验、修正与完善。

【示范案例】

示范案例 4－1

应如何实现政府决策的科学化

某县随着农村改革的不断深入，农村经济得到了较大的发展。然而，由于种种原因，自 2002 年开始，该县经济的发展速度开始减缓。在这种情况下，县委、县政府为寻求农村经济新的增长点，于 2003 年底和 2004 年初，带领有关人员调查了全县 20 个乡镇和 300 个村，考察了 50 多个山头和近百家农村企业，初步分析认为，该县与其他丘陵、平原县比较，具有自己的优势和特色——山场广阔，共有山地面积 366 万亩，占总面积的 72%，而且劳动力资源丰富，消费市场广阔，如果开发利用，办成林业和多种经济基地，农村经济就会有一个大发展，这是农村经济一股潜在的强大劲流。

在此基础上，他们召开了两个会：一是智囊研究人员、咨询参谋人员会；二是各部门、各战线的主要负责人及相关专家、学者参加的会议。通过这两个会议，对全县农业企业的现状、山地开发的潜力及其可行性进行了反复的讨论和详细的分析论证。并组织专门班子，以国土规划和农业区划成果为依据，拟定几个开发山区的方案，供县委、县政府抉择。

最后，县委、县政府领导在综合比较各种方案的基础上，做出了"开发山地资源，兴办农业企业，建立商品基地"的决策。同时又组织专门班子制订出全县开发山地资源的总体规划，并拟定分阶段实施该规划。

决策方案制订后，县委、县政府立即将方案付诸实施。一方面多渠道筹措山地开发资金，并实行各种优惠政策，以调动农民的积极性，另一方面又组织专门人员具体管理山地开发工作。

由于该县决策正确、措施得力，因而在发展山区经济方面取得了显著成效。

（案例来源：http://www.doc88.com/p－165108107876.html。引用时有更改。）

思考题

1. 某县县委、县政府为什么能制定出正确的决策？
2. 他们的成功对于我们有何启示？

分析提示

1. 某县县委、县政府为什么能制定出正确的决策？

正确、科学的决策的制定主要是遵循科学的决策程序和决策原则的结果。行政决策的基本程序一般可以分为四个阶段：发现问题，确定目标阶段；拟制备用方案阶段；选择最佳方案阶段；方案的修订完善阶段。在方案的制定过程中还应遵循预测、系统、信息、可行、民主、服务、择优、动态等原则。

案例中县委、县政府领导之所以能够做出"开发山地资源，兴办农业企业，建立商品基地"的正确决策主要是遵循了科学的决策程序与决策原则，基本符合了决策科学化的要求。首先，县领导需要解决的是全县经济发展速度减缓的问题。针对这一问题，县领导深入基层和实际进行了全面的考察，发现了当地的优势和特色，比较全面地了解了当地的信息，基本上探明了解决问题的环境条件，而后在此基础上确立了正确的决策目标。其次，决策目标确立后，县委、县政府马上召开由研究人员、咨询人员、相关专家、学者组成的会议，进行可行性分析，广泛听取与会人员的建议，并讨论拟定了开发山区的多个方案，为领导最后的决策提供了科学依据。最后县委、县政府在综合比较各种方案的基础上进行择优选择，确定了最终方案，并组织实施，因而获得了成功。

2. 他们的成功对于我们有何启示？

该县决策的成功给予我们的启示是：要想制定出科学的决策，必须遵循科学的决策程序，并将行政决策的基本原则贯穿始终。

首先，要确定所需解决的问题，这是行政决策的前提。问题找准了，就要确立解决问题的指标、定额和时限，也就是要确立明确的决策目标。案例中的县委、县政府以促进本县经济发展、服务本县人民群众为决策目标，从而为科学决策指明了方向。

其次，要有科学的决策依据，要全面、系统地掌握决策对象的信息。决策过程实际上是对所掌握的决策对象的信息进行加工处理的过程。如果信息不全或出现偏差，决策的科学性就会受到影响。因此，在决策前，必须进行全面调研，搜集资料和数据，为科学决策奠定基础。案例中的县委、县政府在制定决策前对全县的实际情况进行了全面的考察，掌握了第一手资料，为科学制定决策提供了依据也遵循了决策的信息原则。

再次，要充分重视智囊团、专家机构以及群众的意见和建议，在科学民主的基础上拟订备用方案。同时要树立现代决策理念，掌握和运用现代决策方法，有效减少决策失误。案例中的县委、县政府专门召开了专家、工作人员和群众的会议，通过分析和论证制定了备用的政策方案，值得借鉴。

最后，在综合分析各备用方案的优缺点以及可行性的基础上进行择优选择，确定最终的决策方案。各专家、智囊团的咨询意见只能起到参考作用，最终领导者必须行使自己的决策权力，运用理性思维和科学方法选定决策方案。

（说明：本题无标准答案，以上观点仅供参考。）

👉 **示范案例 4 -2**

由公共危机事件所引发的对政府决策程序的思考

中国西部发生的一场公共危机，成为近年来国内最为瞩目的事件之一。宁夏银川的数千名出租车司机持续 5 天罢运，不仅使这座自治区首府城市多处陷于瘫痪，还震动了整个国家的大脑和身躯，也引起了海外舆论的高度关注。

2003 年 7 月 28 日，银川市出台一项规定：对出租车经营权实行有偿使用，对有偿使用期、经营权、新车更换、交费标准等做出详细规定。而且管理办法和管理规定定于 8 月 1 日起实施。从公布到执行，其间仅有短短的 4 天时间。7 月 29 日，新规定引起出租车司机的强烈不满，以致爆发了大规模游行和罢运，而政府竟出动防暴警察，与之对峙。事情发生之后，牵涉面广，影响巨大，产生的各种问题让官员们应接不暇，其实质是当地政府遭遇执政危机。

所幸的是，危机在持续近一周后暂告平息。对于这样一起发生在中心城市的群体事件、一起极大影响社会稳定的敏感事件，主流媒体进行了公开而广泛的报道，广大民众亦纷纷参与讨论，这本身即是诚实与勇气的显现；而面对危机，政府终于向民众认错，决定中止新办法的实施，这同样出乎一些欲看笑话者的意料。

近年以来，全国已发生多起类似公共事件，暴露出政府危机处置的困窘。以此次罢运事件为例，不少市民认为，政府"作为太慢、令人失望"。许多市民表示，当地政府拖了许久"没作为"，是因为他们在制定管理规定时根本没想过真会发生此种危机，也就没有事先建立应急机制，因此才会拖了5天仍没有拿出有效的解决办法。

事后，一位出租车司机向新华社记者所说之话让人震撼："3月份我们上访时，政府说不会出台什么新办法，可7月份新办法就出台了，为民做主的政府都不能取信于民，我们还信谁？"此番话语，不仅需要银川市政府认真反思，更值得各级政府、各个部门深刻警醒。

（案例来源：罗依平，应对危机事件是对政府执政能力检验的重要尺度——银川出租车事件引发的思考，《理论探讨》，2006年第1期）

思考题

1. 从行政决策制定与执行的角度进行分析，银川市在出台新规定的过程中有何不妥之处？

2. 结合所学知识谈谈地方政府应该如何提高应对公共危机事件的能力？

分析提示

1. 从行政决策制定与执行的角度进行分析，银川市在出台新规定的过程中有何不妥之处？

按照政策制定的程序，一项成熟、合理的公共政策的制定，应通过发现问题、确定目标、设计方案、分析评估、方案选优和方案实施等阶段。按照科学决策的原则，政府在制定涉及国计民生与人民群众切身利益的有关政策规定时，必须遵循民主、预测、可行等原则，通过采取决策听证和方案公示等方式，经过广泛的讨论与论证，听取人民群众与各有关利益团体的意见与呼声，听取有关专家学者的咨询建议，在此基础上提出多种备选方案，最后经过决策者的慎重选择、权衡利弊之后才正式予以颁布实施，而且在实施过程中还要不断地反馈信息，进行追踪决策，完善决策方案，从而使政府机关所制订的决策方案既体现民主，又切实可行，最终解决行政管理中的实际问题，实现最广大人民的根本利益。

然而我们从案例中看到，银川市出租车经营权管理办法从公布到执行，仅有短短的四天时间。根本来不及对方案中所涉及的问题进行广泛、深入、细致及反复的分析与论证，更谈不上对方案进行追踪决策、补充完善，所以导致方案本身的不成熟、不合理，导致政府决策过程没有朝着民主化、科学化、法治化的方向发展，以致在政策实施过程中遇到那么大的阻力和抑制，最后导致市政府终于向民众认错，决定中止新办法。实施的严重后果，既伤害了民众的感情，又影响了政府的形象。

2. 结合所学知识谈谈地方政府应该如何提高应对公共危机事件的能力？

当今中国社会进入了一个新的历史发展阶段，改革开放取得了举世瞩目的成就，人民的经济生活、文化生活水平得到了极大的改善，我国的综合国力也在不断增强，国际地位在不断提升。但应该看到，社会转型时期所带来的诸多矛盾与问题远未消除，政治体制改革与经济体制改革正进入攻坚阶段，近几年来在三农问题、大学生就业问题与行业收入分配等问题上发生了多起公共危机事件，并且还潜伏着爆发类似公共危机的可能性。因此，在建构社会主义和谐社会的过程中，预防、处理和应对社会公共危机能力的强弱就成为检验政府执政能力高低的一个重要因素，而提高政府应对社会公共危机的能力也就成为提高政府执政能力的一项重要标志。

案例中反映出，由于银川市政府在制定有关管理规定时根本没想过会发生此种危机，也没有事先建立相关的危机预警机制与应对机制，以致这起严重事件拖了五天，市政府仍没有拿出有效的解决办法。这暴露出地方政府管理中危机管理意识不强，危机管理能力太差，不能适应社会转型期突发性事件和公共危机事件应对与处理的弊端。为切实提高政府防范与应对社会公共危机的能力，应从以下几方面着手：首先，建立公共危机的预警防范机制。凡事预则立，不预则废，应从被动的事后救助向事先预防转变，强化危机意识，坚持"预防为主，防治结合"的管理原则，在政府部门中设立专门的危机防范机构。其次，建立公共危机应对处理机制。坚持以人为本的理念，坚持快速反应的标准，坚持危机管理透明化的要求，争取在危机管理中采取科学合理的行动，以最快的速度平息事端，缩小损失。最后，要建立公共危机的善后处理机制。及时安抚群众紧张情绪，筹备生产和生活物资，做好危机后的重建工作，配套解决与危机相关、可能引发社会混乱的其他问题。此外，各级政府机关应增强政治敏锐性和政治责任感，明确自身所肩负的历史重任，从优化公务员队伍素质、转变政府职能、建立和健全各项规章制度等方面着手提高政府应对公共危机的能力，维护社会的安定与政局的稳定。

（说明：本题无标准答案，以上观点仅供参考。）

【案例作业】

案例作业 4 - 1

速生丰产林基地建设决策何以失败

2006 年 11 月，为改变林业生产中长期形成的林木品种单一、林业生产率低的局面，B 县人民政府专门发文，要求全县人民大搞速生丰产林基地建设。

为贯彻县政府的指示，该县林业局立即召开局长办公室会议，专门讨论建设速生丰产林基地的问题，与会的三位局长（一正二副，其中正局长是长期从事农业生产管理的干部，二位副局长均为企业管理干部）经过简单讨论，一致决定在该县某区沿江村建设一块面积达 200 亩的"泡桐"速生林基地。

沿江村有一片 200 亩的荒滩，这片滩地由于地势低，地下水位高，土壤的碱性重，根本不适合泡桐树的生长。针对这种情况，在局长办公室会议的决策形成后，林业局的林业助理工程师曾专门向局长进谏，要求局长取消这个决定。

可是林业局长却无视劝告，一意孤行，坚持实施原决策。于是，林业局便利用省里下拨的 15 万元林业扶助款，一方面从邻省购树苗，另一方面从沿江村召集劳动力，正式开始了基地建设。经过一个月的奋战，作为"样板林"的泡桐速生林基地建成。

然而，至第二年春天，该基地的泡桐树苗却发芽慢、长势弱。一到夏天，由于基地的地下水迅速增高，树苗则开始大面积枯黄，至年底，树苗已死亡了 40%，到 2008 年底，该基地的树苗全部死亡。

（案例来源：http://wenku.baidu.com/view/c112b6c8da38376baf1fae72.html。）

思考题

1. 行政决策的一般程序有哪些？
2. 该县林业局建设速生丰产林基地的决策为什么导致失败？

3. 该县林业局领导对此是否应负责任？

厦门 PX 项目迁建，民主决策的标本

厦门市海沧 PX 项目，是 2006 年厦门市引进的一项总投资额 108 亿元人民币的对二甲苯化工项目，该项目号称厦门"有史以来最大工业项目"，选址于厦门市海沧台商投资区，投产后每年的工业产值可达 800 亿元人民币。该项目于 2006 年 11 月开工，原计划 2008 年投产。由于 PX 项目区域位于人口稠密的海沧区，临近拥有 5000 名学生的厦门外国语学校和北师大厦门海沧附属学校，项目 5 公里半径范围内的海沧区人口超过 10 万，居民区与厂区最近处不足 1.5 公里。同时，该项目与厦门风景名胜地鼓浪屿仅 5 公里之遥，与厦门岛仅 7 公里之距，因此该项目开工后便遭受广泛质疑。2007 年 3 月，由全国政协委员、中国科学院院士、厦门大学教授赵玉芬发起，有 105 名全国政协委员联合签名的"关于厦门海沧 PX 项目迁址建议的提案"在两会期间公布，提案认为 PX 项目离居区太近，如果发生泄漏或爆炸，厦门百万人口将面临危险。但遗憾的是，国家相关部门和厦门市政府没有采纳他们的建议，而且加快了 PX 项目的建设速度。

6 月 7 日，由国家环保总局组织各方专家，就海沧 PX 化工项目对厦门市进行全区域总体规划环评。12 月 5 日公布的环评报告结论为，厦门市海沧南部空间狭小，区域空间布局存在冲突，厦门市在海沧南部的规划应该在"石化工业区"和"城市次中心"之间确定一个首要的发展方向。报告同时披露了海沧现有的石化企业翔鹭石化（PX 项目的投资方）五年前环保未验收，即投入生产，并且污染排放始终未达标。

12 月 8 日，在厦门市委主办的厦门网上，开通了"环评报告网络公众参与活动"的投票平台；9 日，投票突然被中止，10 日投票平台被撤销。在投票结束之时的结果显示，有 5.5 万张票反对 PX 项目建设，支持的有 3000 票。

12 月 13 日，翔鹭腾龙集团（PX 项目方）办公室通过媒体发布了《翔鹭腾龙集团致厦门市民公开信》。信中称：①PX（对二甲苯）低毒，不会致癌致畸，也不是原子弹；②海沧 PX 项目采用世界先进的工艺专利技术，环保投资巨大，安全稳定和可靠性更有保障；③海沧 PX 项目与居民区完全可以和谐共处。并宣称翔鹭石化是通过环保验收的，其排放没有超标。

12 月 13 日，厦门市政府开启公众参与的最重要环节——市民座谈会。驻厦中央级媒体包括新华社、《人民日报》、《光明日报》等，以及厦门本地媒体，获准入内旁听，整场座谈会持续 4 个小时。最终结果显示，49 名与会市民代表中，超过 40 位表示坚决反对上马 PX 项目，随后发言的 8 位政协委员和人大代表中，也仅 1 人支持复建项目。

12 月 14 日，第二场市民座谈会继续举行。第二场座谈会有市民代表、人大代表和政协委员等 97 人参加，62 人发言。在座谈中，除了约 10 名发言者表示支持 PX 项目建设之外，其他发言者都表示反对。座谈会上，曾对海沧区做过独立环境测评的厦门大学袁东星教授，用数据及专业知识对 PX 项目表示反对。

12 月 16 日，福建省政府针对厦门 PX 项目问题召开专项会议，会议决定迁建 PX 项目。最后 PX 项目暂停，后迁址漳州。

（案例来源：http://baike.baidu.com/view/3114002.htm。）

思考题

1. 厦门 PX 项目迁建的决策过程体现了行政决策的哪些基本原则？

2. 中国有关行政决策参与的规定中，公民拥有哪些基本权利？结合案例材料，分析这些权利的实现现状及其动因。

3. 结合本案例试分析政府如何实现民主科学决策？

案例作业 4-3

政府决策咨询"订做"专家结论

2005 年 8 月 7 日中午 1 时 30 分，坐落在广东省梅州市兴宁的大兴煤矿发生特大透水事故，123 名矿工被困深井。就在大兴事故前几小时，一个由 7 名高级工程师和研究员组成的专家组，向当地政府提交了一份《广东省四望嶂矿区水淹区下安全开采可行性专家组论证意见》，称大兴煤矿所在的四望嶂矿区"所开采的煤层大部分都已在水淹区影响范围以外，其正常条件下的开采是安全的"。此时此刻，在探究悲剧发生的原因与责任的同时，这份"权威"的专家论证意见书格外引人深思。

据梅州市常务副市长蔡小驹介绍，兴宁市罗岗镇之前发生一起煤矿透水事故后，包括大兴煤矿所在的四望嶂矿区所有煤矿均处于停产整顿状态，有关部门请权威专家对这些煤矿能否安全生产进行论证。专家组于8月4日至7日进行了勘查和论证，并形成了这份论证意见。该论证意见表示，"各矿构筑的防水闸墙，质量可靠，在正常地质条件下的开采是安全的"。

这份由7名全部是高级职称的专家提交的安全开采可行性论证意见，与广东省安监局7月22日向广东省政府提交的紧急请示结论是不同的。广东省安监局表示矿区存在严重安全隐患，可能造成群死群伤，并以急迫的心情提出关闭煤矿的建议。

事故发生时这个专家组组长还没有离开梅州。事故发生后，他也是国务院事故调查组的专家组成员，留在当地参加事故原因调查。当地报业的记者在兴宁市通过见面和电话3次采访了他。据其介绍，他们是应兴宁市政府的要求来的。论证意见是经当地政府同意后，他们才签了字。开始接受这个任务时，当地政府就介绍这6个矿牵涉到1300多人的就业，每年的财税收入有3600万元。

实际上这些矿大多数已经开采四五年以上了，按规定是不能采的，以前的开采行为就是在胡闹。但他们不能这样说，直接说有点太不留情面了，可能他们的说法比较婉转而已。如果一上来就否定，好像不符合常理。

对于记者提出的为何不指出大型煤矿"不能开采"的提问，专家组组长说，我们没有下"不能开采"这个结论的资格和义务。

如何规范使用专家意见成为值得重视的一个问题。目前基层政府或企业在决策前利用专家意见"闯关"，强行上项目，而在决策执行过程中出现问题后，又利用专家意见做"挡箭牌"，推卸责任。专家意见似乎变成一个可退可进、可上可下的筹码，偏离了它作为决策参考、决策依据的本来角色。

目前在一些生产和工程领域，基层政府和企业往往花钱请一些专家来做可行性报告、技术鉴定、论证等，实质上在做之前，就对专家提出了要求、规定了方向，从而使专家意见失去公允性、独立性，甚至成为偏袒企业的一个工具，出现了"订做"专家意见的现象。

律师姚忠平认为，如果专家由于认识水平或获得的材料有限，做出的结论不科学，这种情况也是有的。但如果专家贪图私利，故意做出与事实相违背的结论，虽然现行法律没有相关制裁条文，但也应受到职业道德和操守的批判。无论政府还是企业，目前对专家还是比较迷信的，专家意见在政府和企业决策中也起着重要作用。对专家因主观原因提供不客观真实的决策依据，导致重大损失和事故，目前从法律层面追究责任还是个空白，这需要人大和司法部门对此予以关注。

　　一场本应独立、公正、科学的决策咨询，却在地方政府的"指挥棒"下，演变为走过场、搞形式的"决策咨询秀"，并得出一份颇具讽刺意味的结论，这不能不令人深思和警醒。

　　随着政府职能的转变，科学民主决策正成为政府部门普遍遵循的原则。科学决策往往离不开专门的决策咨询，如邀请专家进行论证等。但是，这样一套确保决策科学的咨询程序，在一些地方，在执行过程中，却往往被一些"歪嘴和尚"念歪了"经"。在一些涉及公共利益和有争议的项目和工程上，有关方面虽然按照规定程序，请来一些专家做可行性报告、技术鉴定、论证等，但实际上在这之前，有关部门就对专家意见提出了要求，规定了方向，所谓的"专家意见"最终成了主办方的"传声筒"，其公正性和科学性大打折扣。

　　公共决策的后果需要由公众来承担，由于我国目前在公共决策咨询方面尚缺乏一套完善的制度法规保障，因此，原本以公共利益为取向的决策咨询专家，常常成为部门或小集体利益的"代言者"。

　　这样一份与事实明显相违背的决策咨询意见，着实给我们敲响了一记警钟：建立和完善科学高效的公共决策咨询机制，确保政府决策的科学合理，切实避免因专家提供不客观真实的意见导致的重大损失，已经到了刻不容缓的地步。

　　（案例来源：江超庸、黄丽华主编，《行政管理学案例教程》，中山大学出版社2006年版，第254－256页。引用时有删减。）

思考题

　　1. 行政决策咨询有哪些特点？
　　2. 试结合本案例对我国政府行政决策咨询现状进行评价。
　　3. 结合案例分析如何建立和完善科学高效的公共决策咨询机制，以确保政府决策的正确性？

案例作业 4－4

浙江省杭州市政府的"开放式决策"

　　近年来，杭州市政府按照政务公开和打造"阳光政府"的要求，积极探索与推行"开放式决策",扩大公民有序政治参与,促进行政决策科学化、民主化。"开放式决策"的主要特征是"公开、透明、参与、互动",落实市民参政议政权利。"开放"的理念贯穿于决策的全过程,包括决策事项的酝酿、调研、起草、论证,直至市政府常务会议讨论、决策,以及决策的实施,都是开放的、民主的,既向市民开放,又向媒体开放。

开放式决策是政府工作在决策层面的一种尝试,使得人民群众有知情权、参与权、监督权,使政府减少失误,多受监督,从而避免权力寻租、政绩工程、面子工程、拍脑袋决策的发生。

根据杭州市政府的规定,实施开放式决策的事项涉及城市总体规划、重点专项规划,重要的地方性法规草案、政府规章草案,事关群众切身利益的重要改革方案与公共政策,群众日常办事服务和社会公共服务事项等的重大调整等。

杭州市政府提出,决策事项承办单位在将决策事项提交市政府审议前一般要按下列规定事先征求意见,未经充分协商的事项不得提交市政府决策。涉及群众利益的重大事项,要进行社会公示征求意见。而且,决策事项承办单位要在方案起草的各个环节,认真收集、梳理各方面意见和建议,及时修改完善决策方案草案。决策方案草案在提请市政府决策时,须同时提交包含有关征求意见范围、主要意见归类和采纳情况等内容的起草说明。

杭州市政府指出,普通市民可选择以下方式参与市政府常务会议:通过自愿报名,申请参加互联网视频连线发言或列席会议;通过"中国杭州"政府门户网站等收看会议实况直播;通过"中国杭州"政府门户网站等在直播论坛上发表意见和建议。

据了解,从2007年11月14日至2009年,杭州市共邀请238位代表、委员、市民与专家列席市政府常务会议;110位市民与市长在线交流,讨论79项决策事项;38.5万人(次)点击网站参与;共同讨论政府工作报告、廉租住房保障管理办法、新型农村合作医疗实施办法等72项决策事项。

2009年起,杭州市及所辖13个区、县(市)政府均已开始推行"开放式决策"。通过实施"开放式决策",最大的受益者是广大市民,保障了知情权、扩大了参与权和表达权、落实了监督权,同时推进了服务型政府建设。

（案例来源：http://news.zj.com/detail/1229314.shtml。引用时有删改。）

思考题

1．"开放式决策"的特点有哪些？

2．"开放式决策"对我国服务型政府的建设有何意义？

3．杭州市政府的"开放式决策"对实现我国政府决策的科学化与民主化提供了哪些经验？

第五章　行政执行

本章主要探讨四个方面的问题：

一、行政执行的基本概念与特征

行政执行是行政机关和公务员实施决策中心发出的决策指令，以达到预期目标的全部活动。

行政执行的特征主要有：

(1)目标性，以实现决策目标为宗旨。

(2)实务性，是实践、服务性的活动。

(3)经常性，是对既定政策的反复执行。

(4)果断性，要求早决断，快行动。

(5)灵活性，需要审时度势，因时、因地和因人制宜，因势利导。

二、行政执行的重要作用

(1)指挥执行决策。

(2)沟通信息、传递情报。

(3)控制执行情况和进程。

(4)监督执行效能。

(5)协调各部门执行的步调。

三、行政执行的主要手段

(1)行政干预。这是较普遍使用的一种手段，是指政府凭借政权力量，依靠从上到下的行政组织制定、颁布政策，运用政策、指令、计划的方法，来实现国家对行政工作的领导、组织和管理的目的。

（2）经济手段。这是政府经济行政部门按经济运行规律的要求，来管理下属经济组织及其活动的一种方法，是利用各部门及其活动的经济利害关系来制约相互间的活动的行政行为。

（3）法律手段。是指行政机关以法律为武器，根据法律活动的规律、程序和特点实施行政管理。

（4）奖励与惩戒。是指激励、惩戒行政人员和管理对象，将两方面的积极性都调动起来，使行政决策落到实处，实现目标。

（5）行政诱导。是指用非强制手段使行政人员和管理对象自觉自愿去从事政府所鼓励的工作或活动。

四、行政执行偏差的纠正

（一）基本含义

行政执行偏差是指在实施行政决策的过程中，由于受主客观因素的制约，执行者的行为偏离决策目标并产生了不良后果。

（二）纠正方法

1. 完善管理体制。基于行政执行的特点和基本原则，必须加大力度调整行政组织的内部结构和职能，进一步完善行政管理体制。从根本上保证行政执行活动运行机制的协调统一。完善体制的目的就在于将行政执行的原则要求通过适当的组织结构、权责关系、规章制度、行政体制具体化、组织化和制度化，从行政管理体制、政府内部结构和职能方面妥善处理与行政活动有关的各种关系，如立法机关与行政机关的关系、执政党与行政机关的关系、中央政府与地方政府的关系，等等，并且在不断改进、深化和完善体制的过程中更合理、科学、有效地处理这些关系。

2. 提高人员素质。行政执行过程出现的偏差直接与执行主体的素质有关。为了减少执行偏差，应注意以下方面：一是要提高思想政治素质。增强大局观念，防止和克服以权谋私、地方保护主义和部门保护主义；强化行政道德意识，确立正确的行政道德的价值导向，加强个人道德、职业道德的修养，强化自律精神，规范执行行为，自觉抵制以权谋私、弄虚作假和腐败保护主义。二是要提高理论水平。用科学的理论武装头脑，指导工作，善于辩证思维，以大局、战略为重，以大局、战略来指导、统帅局部和战术，防止和克服短期行为。三是要提高业务素质。要拓宽知识面，调整知识结构，补充薄弱环节，提高综合分析判断能力，力避短视行为、滞后思维、僵化处理问题等现象。

3. 科学诊断问题。问题诊断是指从国家管理体制、政权结构、组织运行等方面出发，科学分析研究行政执行活动中存在的问题和出现的偏差，采取有效措施进行调整和解决。问题诊断的目的在于认真分析这些问题的严重程度及其对行政执行活动的实际影响，从组织结构、人员素质、管理体制等方面揭示产生这些的具体原因和症结所在，有效制定抑制、缓解、解决这些问题的方法和策略。进行问题诊断时，必须运用各种定性、定量的技术和方法，定期进行，并力争在问题还不严重时及时发现并采取相应措施进行解决。

4. 及时跟踪评估。在执行某项决策过程中，必须全面检查、核实各项工作的布置、落实、推进和完成情况，即是否及时、准确传达贯彻决策，具体实施方案和措施是否符合决策总目标，阶段性目标和任务的完成情况是否与原计划相符，出现的问题和困难是否出乎预料，各层面的行政工作是否有效得力，整体进展是否顺利，预定计划和预定目标是否能圆满完成，等等。当决策执行到一定阶段或某一过程时，必须及时对决策效果进行科学评估，即分析该项决策实施后在政治、经济、文化等各方面产生的直接影响、间接影响和舆论反应，预定目标是否合理、充分、全面，等等。总之，及时跟踪评估有利于发现行政执行活动中出现的问题和困难，及时采取有效的调整措施或补救方案，控制行政执行的进程和效果。

5. 强化监督控制。首先，要制定正确、可行的控制标准，对照标准检查行政执行行为，发现偏差，及时采取得力措施和办法，纠正违反决策要求、有悖决策目的的偏差。其次，要加强监督反馈系统的功能，使监督反馈经常化、制度化。第三，要加强行政监督主体之间的协调配合，建立并完善多层次、多功能、内外沟通、上下结合的监督控制网络，增加行政执行的透明度，通过调查、质询、罢免、撤销、受理申诉、控告等权力来实行对决策过程的有效监督，保证执行活动的顺利进行。

【示范案例】

示范案例 5 - 1

国家助学贷款政策为何执行难？

在高校扩招和收费改革的过程中，大量贫困生涌现的现象受到了党和政府的极大关注。1999 年开始推行的国家助学贷款，在公共财政紧张、教育经费有限的情况下，正成为高等教育最主要的资助方式。从表 1 我们可以看出国家助学贷款政策几易其稿，不断地调整。然而，现实与政策制定者的初衷却仍然存在着较大的差距，甚至是政策效果出现了某种程度的倒退，国家助学贷款政策在很多地方遇到了阻碍。究竟是哪些因素导致了这种巨大的差距呢？

表 1　国家助学贷款政策进程表

时间	标志性政策文件和事件	政策要点	政策执行结果
1999.6	《中国人民银行等部门关于国家助学贷款规定(试行)通知》	试点运营、要求担保、风险分担	截至 1999 年底共发放贷款 400 万元
2000.2	《中国人民银行等部门关于助学贷款管理的若干意见的通知》、《中国人民银行等部门关于助学贷款管理的补充意见的通知》	全国推开、取消担保、风险核销	截至 2001 年 1 月共发放贷款 12.6 亿元，占申请金额的 39%，有 21.6% 的大学生申请到贷款
2002.2	《关于切实推进国家助学贷款业务发展的通知》	"四定"、"三考核"	截至 2002 年 6 月，共发放国家助学贷款 18.6 亿元
2003.8	中国人民银行推出双 20 标准，2004 年 1 月，双 20 标准被废止	违约率、违约人数均达到 20% 的高校，停发贷款	2003 年 9 月，国家助学贷款进入首批还款高峰期，全国借款学生平均违约率超过 20%，少数高校违约率高达 50% 以上
2004.6	《关于进一步完善国家助学贷款工作的若干意见》	方便贷款、风险补偿、延长还期、力推三项新举措	截至 2004 年 3 月，共有 188.6 万学生申请，实际发放贷款人数为 85.5 万人；申请贷款总额为 140.4 亿元，实际发放金额为 69.5 亿元，实际获得人数和金额均没有超过申请的半数

时间	标志性政策文件和事件	政策要点	政策执行结果
2005.8.29	8 月 29 日，教育部、财政部督导国家助学贷款，教育部点名批评天津、黑龙江等 8 个省市执行不力	教育部、财政部推出惩罚性措施	截至 2005 年 7 月 31 日，海南省、天津市、黑龙江省按新机制发放国家助学贷款的学生人数和金额均为零；内蒙古自治区批准贷款学生仅 12 人，合同金额 4.08 万元；青海、新疆、宁夏、甘肃按新机制发放国家助学贷款的学生人数和金额也都很少，所属的绝大多数高校都没有落实国家助学贷款承办银行

　　国家助学贷款，这么好的政策为何执行起来这么难？2004 年下半年出台的新助学贷款政策，在风险防范和利益补偿方面做了有利于银行的规定，然而时至今日，很多地方的银行仍以风险大，放贷成本高为由，设置较高贷款门槛，使许多急需资助的困难学生迟迟拿不到贷款。

　　（案例来源：http://wenku.baidu.com/view/26c46700de80d4d8d15a4f92.html。引用时有删减。）

思考题

1. 助学贷款政策难以有效实施的原因是什么？
2. 如何促进该项政策的有效执行？

分析提示

1. 助学贷款政策难以有效实施的原因是什么？

一是政策设计本身造成了政策主客体对政策认识的偏差。

商业银行认为国家助学贷款也是一种贷款，而贷款又是商业银行最主要的赢利资产，无论国家和地方财政对借款人有无贴息，都应遵循信贷资金运作的基本规律。首先在业务经营中要避免风险，保证资金的安全；其次要实现银行资产在无损失状态下迅速变现的能力；第三要具备赢利性，即商业银行能从中获得利润。如果贷款不能符合条件，银行的积极性就会大大降低。

从学生的角度看，学生对国家助学贷款政策的内涵和意义认识不足，部分高校学生把国家助学贷款作为政府为其提供的一项福利待遇来争取。新政策规定学生在校期间不负担利息，政策的改进倾向于让一部分家庭条件较好、并不符合贷款条件的学生也积极申办此项贷款，由于在校期间无需偿还利息，银行更是无法对接收贷款的学生进行监督，弱化了学生与银行的联系，同时也弱化了学生的信用观念。这样就可能导致部分信用观念较差的学生，直接视"贴息"为"贴本"，根本就没有偿还此项贷款的愿望。建立在对学生充分信任基础上的国家助学贷款因借款学生的失信违约，导致国家助学贷款工作陷入尴尬境地。

从学校方面来看，学校不愿承担压力和风险，学校的立场只是表明自己仅仅是银行和学生的中介。国家助学贷款政策中规定高校承担着向银行提供部分比例的风险补偿金的责任，每所高校承担的部分与该校毕业学生的还款情况挂钩。按照这条措施，高等学校为了少交风险补偿专项资金，会拒绝招收可能需要贷款才能交纳学费的学生，既与国家助学贷款制度制定的初衷相背，也造成社会福利的非最大化。

二是对中央政策在地方的执行可行性与政策成本转嫁估计不足。

"上有政策，下有对策"是我国政策执行中比较普遍的现象。在法律允许的范围内，地方政府可以自主决定其所希望的公共服务水平和层次，中央政府的宏观政策就面临着被选择执行、变通执行乃至不执行的情况。地方政府和中央政府都是具有适应性的主体，这就意味着地区利益的客观存在。地区利益主要包括两个方面：一是本地区在经济发展方面的需要和满足；二是地方政府官员追求政绩的需要和满足。在地方财政自求平衡、分灶吃饭的体制下，地方政府总是倾向于把有限的财力投入到回报高、利润好的产业，以使地方政府的利益达到最大化。存在这样一种可能，国家助学贷款政策设计本身对地方政府的配合程度缺乏足够的预期，或者说政策本身仅仅建立在社会价值甚至是个别部门的主导意志之上，导致政策执行不力的局面。

2. 如何促进该项政策的有效执行？

针对学生违约，银行惜贷、拒贷，学校不愿承担责任的状况，为保障助学贷款政策的有效实施，提出以下建议：

一要明晰责任：建立由政府主导的助学贷款政策，带动银行、学校和学生进入良性循环。

助学贷款作为服从于教育发展的政策性金融手段，在很多方面依赖政府及其公共政策。没有政府参与的助学贷款项目注定只能以很小的规模运行。政府参与应该体现在以下几个方面：一是政府负责建立相关的法定管理体制，在法律框架内确立政府的主导地位；二是政府要负担全部政策成本，在经济框架内确立其作为最大受益者的投资主体地位，承担起国家助学贷款的主导运筹责任；三是宏观上努力构建高等教育的金融框架，设立风险基金，真正为银行解决核销风险的后顾之忧。

政府起主导作用，对银行进行财政支持并给予政策引导，而不能强行改变银行的商业行运营模式；对高校进行财政支持并进行政策监督，解脱高校因实施助学贷款而承担的经济风险，最大限度保障社会公平，避免让高校在招生上"嫌贫爱富"；银行与高校相互协调和支持达到政策执行上的双赢；政府、银行和高校共同对学生进行政策宣传以及在交易过程中进行监督和信用教育。力争促使四方博弈进入良性循环，达到国家助学贷款政策的美好初衷。

二要转换政策思路：推广生源地贷款。

我国的社会转型尚未完成，目前对于各级政府而言都面临经济增长的巨大压力，导致财政紧张，由政府尤其是地方政府完全承担助学贷款的风险在当前情况下并不现实。地方政府作为一个国家政治制度的重要组成部分，在法律的范围内可以自主决定其所希望的服务层次。由于政策本身设计的不够完备，对于如何处理政策执行中的"滞障"问题，如果只是寄希望于地方政府的充分作为和大学生的诚实守信，而不考虑政策自身的缺陷将是舍本逐末的做法，即使"治表"也不能"治里"。再者，目前我国缺少开展个人信用业务的制度环境，而且一个完备的个人信用制度建设也不是一蹴而就的事情。助学贷款政策的成功推行依靠单纯地培养大学生未来的信用是不可能的。

政策的完备是引领助学贷款事业健康发展的根本保证。在政策执行过程中为了达到政策目标，原则性和灵活性必须要结合起来。悄然兴起的生源地助学贷款在一定程度上弥补了国家助学贷款的制度缺陷，在客观实施过程中也取得了巨大的成功。生源地助学贷款成功地引入了银行、高校和学生之外的第四责任人，以连带责任的方式来保证学生信用贷款的顺利回收。其优点在于：一是第四方的保证人提高了贷款回收的保证系数，增加了银行的信心。二是生源地贷款在一定程度上解决了交易各方的信息不对称问题，加大了可操作性，避免投机行为。从另外一个角度看，贫困家庭学生的资金筹措，在现实中也主要是家长的行为，依然是父母为儿女准备。所以，在很大程度上，所谓贫困生的问题，更集中于学生的贫困家庭的问题上，贫困生的贷款与贫困家庭的贷款,可以说是一枚硬币的两面,实为同一问题。在我国这种充满人伦本位色彩的社会环境下,由学生父母或亲属提供担保于情于理都说得过去。当然我们不能认为生源地助学贷款就是尽善尽美的,也存在着双刃效应,但是却不可否认地提高了政策的可操作性。

（说明：本题无标准答案,以上观点仅供参考。）

☞ 示范案例 5-2

某县计划生育政策执行的失误

我国南方某县的计划生育工作多年来一直徘徊在全省倒数 1~3 名的位置。2008 年,新一届领导班子走马上任,为了建立政绩,完成好上级政府下达的计划生育任务,甩掉计划生育的落后帽子,采取了一项新的政策措施,即对计划生育实行高额罚款。具体的罚款标准是：超生第二胎罚款 10000元,超生第三胎罚款 15000 元,超生第四胎或更多罚款 30000 元。县政府希望通过这项措施的实施有效控制县里的生育数量。考虑到基层计划生育工作的艰巨性,为了解决基层计划生育工作经费不足的问题,有效调动基层计划生育人员的工作热情,该政策还做出了罚款提成的相关规定,即罚款所得,村、镇两级各提成 30%。这项政策实施两年多后,县政府调查后发现,根本没有达到他们的预期目标,超生问题仍然很严重。许多人宁愿交纳高额罚款也要生育第二胎和第三胎,有些没钱的家庭甚至举债生育也在所不惜。似乎有很多人都觉得,交了罚款就等于购买到了计划外生育的指标,就具有了合理合法的权利,不少人甚至在未生育之前就预先把罚金交了上去。当然,这一方面是因为重男轻女、多子多福、传宗接代等传统观念在当地群众思想中根深蒂固；另一方面也是由于一些基层干部把超计划生育罚款作为一种创收的途径,为了多来钱,对超生现象睁一只眼闭一只眼,有的甚至对超生予以暗中鼓励。

（案例来源：http://www.myeducs.cn/mianfeilunwen/gonggongzhengce。引用时有删减。）

✎ 思考题

1. 根据上述案例结合所学行政决策的理论,分析行政决策未得到有效执行的原因。

2. 结合所学知识，分析如何保证决策的正确执行？

分析提示

1. 根据上述案例结合所学行政决策的理论，分析行政决策未得到有效执行的原因。

(1)政策本身的因素，即政策的合理性和合法性。行政决策是否正确、合理、合法是行政执行的前提。行政决策如果不合理、不合法，其执行的效果必然不佳甚至执行行为本身就属于违法行为，自然无法达到解决决策问题的目的；行政决策总体上正确，但如果方案不完善，办法不先进，也就是说决策质量不高，那么行政执行也难以产生好的社会效应。本案例中，该县领导班子采取的新政策——对计划生育实行高额罚款，这一政策过于单一和片面，缺乏科学性，容易造成执行偏差。

(2)政策目标与政策执行手段相冲突。公共政策的执行过程是政策主体为达到一定的政策目标，通过各种手段作用于政策对象，使政策内容转化为现实的实践过程。可见，政策目标与政策实施手段是影响政策执行的原因之一。政策目标是政策执行的出发点和归宿。在目标的基础上还要通过某些渠道来执行政策，即公共政策执行手段，它是指执行人员为实现一定政策目标而采取的一系列措施和方法的总和。执行手段有很多种，包括行政手段、法律手段、经济手段、思想政治教育手段及技术手段。多种手段的恰当运用是非常重要的，它直接关系到政策执行力的大小和效果。在本案例中，政策目的本是为了减少超生数量，而通过不适当的"罚款提成"这种经济利诱性质的执行手段，使许多工作人员把村民的超生看成了自己的创收途径，使结果反而向相反的方向发展。

(3)政策执行者素质不高，受经济利益驱使，选择了替代式执行。替代式执行是指在实施政策的过程中，需要实施的决策与行政执行主体之间出现利益差异和冲突时，执行主体制定与上级决策目标表面上相符，实际上不一致的执行措施。案例中县政府为了解决基层计划生育工作经费不足的问题，有效调动基层计划生育人员的工作热情，允许乡镇从罚款中提成，无疑会对基层干部起到一定的诱导作用。基层干部把计划生育罚款作为一种创收的途径，如果真正制止生育就会损害乡镇及基层干部的利益，为了多来钱，基层干部自然会对超生现象睁一只眼闭一只眼，甚至对超生予以暗中鼓励，导致政策执行偏差的出现。

（4）沟通不畅，政策对象受传统思想观念的束缚，对政策目标缺乏认识和理解，而政策执行者宣传不够，解释工作不到位等，导致政策的正确执行受阻，也使决策执行不能转化成为行政工作人员的自觉的统一的行动。政策执行对象即当地人民受"多子多富、重男轻女、传宗接代等"传统思想影响，加之长期较为贫穷、封闭的生活环境，导致了他们思想不开化，传统观念过重，思想观念严重被束缚。当他们的这种思想与县政府所承担的行政责任发生冲突时，自然造成了双方利益的矛盾。加之政策执行者对决策的宣传力度不够，没有提高他们接受政策的自觉性和能动性，也导致政策的执行受阻。

（5）行政决策体制不健全。决策制定主要依赖领导干部的个人经验和智慧，决策过程成为领导者的"一言堂"，缺乏集思广益和科学论证，使制定出的政策缺乏科学性和可行性。案例中新一届领导走马上任在未进行调查和意见征询的情况下就制定了计划生育新政策，显然没有形成属于该县自己的一套完整科学的决策程序和决策约束机制。

（6）行政决策执行的监督体制有待完善。一是执行过程缺乏必要的透明度，使人们对行政执行的质量、进度及措施的有效性无从了解；二是监查制度有失科学，过多注重执行进度和结果的检查而忽视执行过程本身，导致执行偏差不断扩大；三是缺乏科学的选拔淘汰机制和干部交流回避制度，使出现行政执行偏差的责任人没有受到有效的惩戒和制裁。本案例中，该县新政策执行的偏差很大的原因就在于没有完善的决策监督机制，在政策执行过程中，没有向该县群众公开政策执行的进度和基本情况，没有相关工作人员对政策的执行进行监督和控制，对执行的效果也缺乏及时的调查，这些都导致了政策执行的偏差。

2. 结合所学知识，分析如何保证政府决策的正确执行？

（1）建立科学的决策机制，遵循正确的决策程序，保证做出的决策具有科学性和可行性。正确、合法的政策能够获得群众的支持和拥护，因而在执行中障碍较少，政策效果会更好。案例中新一任领导班子走马上任，为了建立政绩而做出了对超生实行高额罚款的决策显然没有遵循正当的决策程序，决策的内容也过于抽象从而留给执行者过大的"变通"余地。

（2）提高政策执行者的素质。行政执行过程中出现的偏差直接与执行主体的素质有关。为了减少执行偏差，一是要提高思想道德素质，增强大局观念，防止和克服以权谋私的思想；二是要提高理论水平，用科学的理论武装头脑，指导工作；三是要提高业务素质，拓宽知识面，调整知识结构，补充薄弱环节，提高综合分析判断能力，力避短视行为、滞后思想。本案例中正是由于执行者的素质不够，从局部和个人利益出发，才使政策的执行偏离了决策目标。

（3）建立及时跟踪评估机制。在执行某项决策过程中，必须全面检查、核实各项工作的布置、落实、推进和完成情况。当决策进行到一定阶段时，必须对决策效果进行科学评估，以便及时发现执行活动中出现的问题和困难，采取有效的调整措施或补救方案，保证执行活动朝目标方向发展。

（4）强化对政策执行的监督控制。首先，要制定正确、可行的控制标准；其次，要加强监督反馈系统的功能，使监督反馈经常化、制度化；第三，要加强行政监督主体之间的协调配合，建立并完善监督控制网络，保证执行活动的顺利进行。案例中，在政策实施两年后，县政府才对实施情况进行调查，说明县政府对此项决策不只没有进行及时地跟踪与评估而且其监督控制机制也很不完善。

（5）加强政策宣传，帮助执行者和执行对象全面、正确地理解政策。对执行者来说，只有全面理解并领会政策的实质，才能在执行中正确体现决策意图，确保决策目标的实现。而执行对象对政策了解与否、支持与否在一定程度上决定了执行阻力的大小。所以执行者要加强对政策的理解，同时要有针对性地对村民进行政策宣传，减少执行阻力，增强政策执行的效果。

（说明：本题无标准答案，以上观点仅供参考。）

〜〜〜〜〜〜〜〜〜〜〜〜〜〜〜〜 【案例作业】 〜〜〜〜〜〜〜〜〜〜〜〜〜〜〜〜

案例作业 5-1

广州泥头车酿成的惨案

2006年3月16日下午4时4分，广州市下塘西高架桥一辆超载泥头车（运输建筑工地泥渣的载重车辆）撞上一辆公交车，造成6人死亡、20人受伤。这宗震惊广州的车祸发生后，两天时间又有4人死在泥头车下：3月17日下午1时50分，一辆泥头车在增城新塘新新路与摩托车相撞，摩托车上3人死亡；当晚9时40分，一辆泥头车在白云区江高镇撞中摩托车，造成1死

4 伤。接连不断的惨案表明，泥头车已经成为广州市的马路杀手。

事实上，早在 1999 年，广州市就出台了《广州市淤泥渣土管理条例》(下称《管理条例》)，规定经营淤泥渣土运输的单位，必须向市容环境卫生行政部门申领环境卫生服务资质合格证书，资质合格的单位才能拥有泥头车牌照指标。然而上述"门槛"并没有把肇事车辆挡在外面，泥头车已经成为各监管部门的管理真空。

据了解，自《管理条例》出台后，全市共有 50 家公司取得了资质。一些车老板选择挂靠在公司旗下，获得泥头车牌照，成为正牌营运车辆。车老板每个月向公司交纳 800 – 1100 元/辆不等的管理费，作为回报，他们可以享受公司的各种服务：组织审查、办理保险、交通事故的处理、车辆准入和排污等。

老胡是 4 辆正牌车的车老板，挂靠在拥有资质的公司旗下。他最近烦恼的是被几辆"野鸡车"抢走了长期合作伙伴。在广州，没有挂靠和尚未取得牌照的泥头车被称为"野鸡车"。"野鸡车"都私自加高了挡板，"荷载量 1.49 吨的小东风能装到 10 吨以上的货物"，老胡说。对于工地来说，由于淤泥运输费用按照车次计费，工地希望车辆每次装得越多越好，于是强迫超载。由于正牌车按规定不能超载，于是无法和"野鸡车"正当竞争。"我们没有选择"，老胡解释说，"要么超载，要么退出市场"。

正是迫于"野鸡车"的竞争压力，正牌车超载现象也越来越普遍。一辆荷载量 4.5 吨的东风卡车，往往装载 10 吨左右；荷载量在 12 吨到 14 吨的卡车，在实际作业时，一般可以装到 36.5 吨的泥。同时按照规定，诸如老胡的 4 辆 4.5 吨载重量的正牌车不得进入内环线。而"野鸡车"，因为标识的载重量小，却能在内环线上畅通无阻。"其实拉的和我们一样多，但他们少跑了好多弯路"，老胡说，"这样下去，我们也要做'野鸡车'了"。

据查，广州市对泥头车的管理共出现三次风潮：1999 年加强对建筑工地和泥头车的管理；2002 年广州市建设委员会、广州市公安局和广州市市容环境卫生局联合发文规定，泥头车必须安装密封装置；第三次是 2006 年始于车祸的大规模整顿。

老胡记得自己 2002 年，为每辆车加盖花了近 2 万元。因为按照广州市有关部门的规定，限定时间内不完成改造，则提前报废。"很多'野鸡车'的改造根本不符合规定"，老胡说，"刚开始抓得厉害，后来也就不了了之，反倒是按章办事的人受到了损失。"

资料显示，近年广州全市大小建筑工地达数千个，淤泥的排放量近千万立方米。巨大的市场使大批淤泥散运车应运而生，除新疆和西藏外，全国各地都有运输车拥入广州。曾有数据显示，上路的经资质认定的正牌泥头车有1500多辆，而"野鸡车"竟达3000多辆。

目前，交警只管驾驶证和行驶证；交委只管运营证；城管只能对停在路边的车进行检查；而环卫局只有管理权没有执法权。诸多执法单位之间的缝隙恰好被"野鸡车"钻了空子。查处行动并非没有开展，但事故仍是接二连三地发生。在这次下塘西立交事故中，涉嫌违法车况规定、禁行范围规定、限速规定和限载规定的泥头车，是怎样突破各层监管，一直开到了下塘西立交事故现场的呢？对这四种"违反"，如果有一种被对口部门发现，事故就可能不会发生。

据市环卫局一位官员介绍：环卫部门不负责泥头车驾驶员的资质审查。根据环卫部门公布的调查结果，肇事司机从来穗到出事仅有10天时间。广州道路情况复杂，一些事故多发路段即使经常开车的本地人也不是很清楚，难道10天时间就能够摸清路况吗？针对记者的质疑，市环卫部门官员表示，环卫部门只有权对泥头车车辆的资质进行审查，但不负责泥头车驾驶员的资质审查。这位官员提道，一辆泥头车能否上路行驶由交警部门审批，如何行驶由市交委规定，只有淤泥渣土的运输资质是由环卫局审批。他认为，对泥头车的管理问题主要在于"管理规定与执法相脱节"，给泥头车的违法行为提供了可能。

（案例来源：http://wenku.baidu.com/view/ec8f61d026fff705cc170aab.html。引用时有删减。）

📓 **思考题**

1. 有人认为：对泥头车的管理问题主要在于"管理规定与执行相脱节"。请运用行政管理的相关知识，说明怎样做才能避免脱节现象的出现？

2. 本案例中，一辆泥头车由5个政府部门管，但管理效果却不理想，这说明了行政执行中的什么现象，如何克服这种现象？

3. 行政执行的特征是什么？怎样确保行政执行的连续性？

案例作业 5 - 2

湖南 J 县拆迁事件

2003 年 7 月，湖南省 J 县启动占地 189 亩的珠泉商贸城项目。该县县委宣传部的一份材料显示，项目涉及拆迁居民 1100 多户，动迁人员达 7000 余人；拆迁机关、企事业单位及团体 20 余家。

8 月 7 日，J 县委、县政府办联合下发"嘉办字[2003]136 号文"（下称"136 号文"），要求全县党政机关和企事业单位工作人员，做好珠泉商贸城拆迁对象中自己亲属的"四包"工作。所谓"四包"是指，包在规定期限内完成拆迁补偿评估工作、签订好补偿协议、腾房并交付各种证件、包协助做好妥善安置工作，不无理取闹、寻衅滋事，不参与集体上访和联名告状。136 号文规定，不能认真落实"四包"责任者，将实行"两停"处理——暂停原单位工作、停发工资，并"继续做好所包被拆迁户的所有工作，确保拆迁工作顺利进行"；"对纵容、默许亲属拒不拆迁、寻衅滋事、阻挠工作的，将开除或下放到边远地区工作。"

J 县政府某部门负责人李滔（化名）在一份拆迁协议上签字，虽然那栋老房子的产权属于他 67 岁的老父。据知情人士透露，J 县各级部门单位中，共有 100 多名公职人员面临李滔这样的选择：要么做通拆迁工作，要么被下放边远地区工作。

李刚皇则是一个不合作者。在 J 县繁华的中华东路，李刚皇的私宅是一栋四层的临街楼房，建筑面积超过 400 平方米，其中一楼临街设有两个大店面。去年 7 月，这栋房子列为被拆迁对象。但李刚皇认为"政府给的拆迁补偿太不合理"，一直拒绝签订拆迁协议。房子未被拆，但压力却集中到了他的女儿李小春身上，李小春是县城的中小学教师，她的丈夫是政府工作人员。根据"136 号文件"，夫妻俩都是"四包"责任的承担者。"136 号文件"还有一条规定：凡本单位有被拆迁户亲属的，必须督促其按规定的期限和要求做好"四包"工作。各单位被拆迁户亲属拆迁工作落实情况，将列入单位年终目标管理考核内容。对本单位被拆迁户亲属完不成"四包"工作的，将按有关规定追究该单位党政一把手的责任。家中老父不肯签拆迁合同，夫妇俩在单位的压力可想而知。

去年 9 月 28 日，J 县人事局向教育系统党委下发通知，要求对李小春

"暂停在本单位的现有工作一个月"，转做父亲李刚皇的工作，完成"四包"任务。父亲李刚皇一直未答应，为了不影响丈夫的前途，李小春与自己的丈夫办理了离婚手续，自己也因未完成"四包"任务被调往偏远乡镇教书。在J县，与李小春一家有着相似经历的家庭不在少数。

导致居民抵制拆迁很重要的一个原因就是拆迁户认为拆迁补偿不合理。在J县城珠泉小区北市街61号，拆迁户李会明的五层楼房系2002年竣工的框架混凝土承重结构的建筑物。住宅一楼为44.5平方米的门面，紧临农贸市场；二至五层均为68.4平方米的楼房。经评估，李会明这栋房屋的拆迁补偿金及临时安置费合计23万元。但据李会明的委托人郭廷安介绍，李家仅一层铺面每年租金即可收入一万多元。李不愿接受五层楼房23万的补偿价格。拆迁户李涌泉的一套独门独院三层楼房，实际使用面积为200多平方米，拆迁补偿金及临时安置费为10万元。"县城同类地段买套100平米的商品房，也差不多要10万元。"李涌泉说，他所获得的每平米四五百元补偿，仅相当于J县周边的房产价格。

J县有部分居民因拆迁事件到省会及北京上访，反映J县在珠泉商贸城项目建设中存在违法拆迁、侵害被拆迁人权益的行为。2004年3月，湖南省人大常委会办公厅以公函的形式，要求J县政府"应纠正错误行政行为，切实维护群众的合法权益"。但2004年5月1日，县政府又向余下的拆迁户下发强行拆迁通知———5月10日将对拆迁户停水停电；5月15日如有任何个人不在协议上签字，将实施强行拆迁方案。

此前的4月21日，J县政府对李会明房屋实施强制拆迁，县人民法院出动200多人参与强拆行动。当天，李会明、李爱珍夫妇和陆水德三人站在房顶上抵制拆迁，被警方带走，数天后，三人均被处以拘留，罪名分别为"暴力抗法"和"妨碍公务"。李会明之子李湘柱，原广发乡政府公安特派员，因未完成"四包"任务已被免职。

（案例来源：http://wenku.baidu.com/view/b447448ecc22bcd126ff0cab.html。引用时有删减。）

思考题

1. 行政执行成功实现的条件是什么？你认为J县政府的执行措施合理吗？试分析。

2. 如何理解行政执行的强制性，本案例中对相关人员的强制，是否符合行政执行的强制性特点？

3. 结合本案例，试分析如何避免行政执行权力侵犯公民权益的现象？

案例作业 5-3

如何执行上级下达的不完全妥当的任务？

2005年3月，G省省会城市重点高中的校长唐某成为了市政府的副市长。接受工作后，唐副市长开始适应新的工作环境，还通过走访所辖部门、召开座谈会、与文教部门一把手交心等办法去了解自身工作领域的基本情况。为了打开工作局面，唐副市长决定首先在自身比较熟悉的教育领域取得突破。经过调研，唐副市长很快形成了自己的具体想法，那就是配合该市的新城区开发建设，在新城区建设一所国内一流的示范市高级中学。唐副市长的想法得到了市主要领导的支持，决定在6月份开始实施该项目。该项目的关键是8000万元建设资金要首先筹措到位，为此，唐副市长提出了自己的解决思路，即"上级财政支持一点、本级财政安排一点、市属单位挤出一点、号召市民捐助一点"。消息一发布，捐资办学一时间成了省城的一件大事。干部群众纷纷捐款，市属企事业单位也慷慨解囊。市直机关则被要求从预算外资金中挤出一部分用于建设这所新的高中。其中，市发改委接到的任务是100万元。

接到任务之初，市发改委主任梅某心里就揪成了一团。发改委平时过手的钱千千万，每年安排的市本级财政投资计划，向中央和省的各个条线争取来的财政投资计划，还有一些收费项目，累计起来的资金数以亿计。然而，这些都是预算内资金，发改委还从来没有在预算外资金上做过文章！要求从预算外拿出100万元，可市发改委也得有钱可拿呀。

左思右想不得其解后，梅某决定充分发挥集体智慧——召开主任办公会来讨论这个问题。会议气氛热烈，与会人员积极发言，大致提供了以下三种建议或意见：

1. 一部分同志认为，市发改委是市委市政府的参谋和助手，为市领导分忧解难是市发改委的责任，也是市发改委的优良传统，必须不折不扣地完成市领导交办的任务。同时，在市直机关各部门中，市发改委一直是龙头老大，历来在各种活动中都走在各部门的前面，这次不但不能例外，还要带好头，做好榜样。具体措施是，对外地生源的大中专学校毕业生进入本市就业的，在市发改委科教科班里手续时，每人收取5000元"就业调节基金"，预计一两个月即可收到100万元。

2. 另一部分同志对第一种意见表示不敢苟同。他们认为，唐副市长为了个人政绩工程，要求全市干部群众捐款属于"乱集资"，要求全市各单位做贡献属于"乱摊派"；市发改委如果未经批准就向毕业生收取"就业调节基金"，那就属于"乱收费"，因为中央有关部门明确反对向高校毕业生收取"城市增容费"，而"就业调节基金"与"城市增容费"并无本质区别。中央三令五申不得搞"乱集资、乱摊派、乱收费"，示范高中建设经费的筹措明显违背中央要求，因而这部分同志建议市发改委领导要抵制这个任务，同时要向其他市领导反映问题。

3. 还有同志提出，一方面，这就好比军事命令，上级下了命令，下级必须无条件服从，100万元有也得出，没有也得出，不如尽量早出，为此，不收费是不行的；另一方面，"就业调节基金"的收取毕竟与中央要求相抵触，还是要注意影响，注意方式方法，不能为收费而收费，不能只收不支，要有奖有罚。建议出台本市人才需要目录及配套措施，外地生源的大中专毕业生来本市就业的，如果符合《需求目录》，给予一定金额的奖励，如果不符合《需求目录》，需要交纳"调节基金"，需要的少奖，不需要的多缴，抵消过后的结余不会少于100万元，足以完成任务。

最终主任办公会最后采纳了第一种意见。

收费过程中，外地生源毕业生及其用人单位对市发改委的收费行为表示了强烈的不满。一些外地生源毕业生说，他们家在农村，借钱上完大学，现在又要四处借钱留在省城工作，而且这笔钱相当于毕业生第一年收入的一半左右，难以承受。一些用人单位表示，有些外地生源毕业生属于紧缺专业，用人单位费了九牛二虎之力才把人要来，政府不但不支持，还要收一笔钱，几乎要把学生吓跑，为了留住人才，单位不得不代为支付这笔钱。

到7月末，市发改委向毕业生收费超过80万元，并分两次转给示范性高中建设指挥部。但是，就在任务即将完成之际，意外的事情发生了。一些毕业生在交了"调节基金"后不断向有关部门和媒体反映情况。最先是市电视台、电台、报社打电话来过问此事。不久，省市信访、纪检监察和物价部门组成了联合调查组进驻发改委展开调查，很快查明事实，定性为乱收费，并做出相应处理。市发改委主任梅某引咎辞职。

（案例来源：陈奇星、陈尤文主编，《公共管理案例分析》，上海人民出版社2009年版，第27－29页。）

思考题

1. 如果您是案例中的市发改委主任,打算怎么办?
2. 当公务员认为上级下达的任务不够妥当时,应该怎么办?

案例作业 5 - 4

经济适用房到底"经济"了谁?

为了加强经济适用房的建设和管理,2004 年 5 月,建设部联合国家发改委、国土资源部和人民银行共同制定了我国第一部《经济适用住房管理办法》。这个管理办法严格界定了经济适用房是具有保障性质的政策性商品房,严禁将经济适用房项目变成商品房项目,规定对经济应用房的户型标准、供应对象及销售价格等进行了严格的限制。

为了保障真正的中低收入家庭购买到经济适用房,管理办法对经济适用住房供应对象做出明确规定,只有符合规定条件的家庭才能购买一套经济适用住房。这些条件包括: 有当地城镇户口或当地政府确定的供应对象,无房或现住房面积低于当地政府规定标准的住房困难家庭,家庭收入符合当地政府划定的收入线标准等。

政策实施两年之后,在 2006 年 11 月 20 日出版的《中国房地产报》上刊登了这样的一篇文章——《谁在购买中国的商品房?》。文中引用了这样一组数据:针对经济适用房这种半商品房属性的房屋,REICO 工作室推出了一项调查,该调查是基于 2005 年北京、太原、西安三地的数据。调查人员称,高达 48% 的经济适用房被用于出租。普通商品房用于出租的比例,仅仅有 20.55%。另有数据显示,北京市昌平区的回龙观、天通苑两大经济适用房社区内,房屋出租率竟已占到全区租赁交易总量的 78.8%。

那么,政府原本出于解决低收入人群住房难而出台的经济适用房,或"为解决低收入人群住房难"而建设的经济适用房,究竟便宜了谁? 如此之高的经济适用房出租率说明了什么?

48% 的经济适用房出租率所告诉我们的是这样的现实:

1. 富裕的有产者、拥有住房的多房户,买走了超过一半的经济适用房,经济适用房成为中国富裕的有产者谋利的工具。而且,REICO 工作室的入户调查数据，也支持这一推断。此种南辕北辙的结果，是建设经济适用房的初衷吗？

2. 中国现行的经济适用房政策并不成功，应当紧急刹车，另起炉灶，改弦更张。近半数经济适用房用于出租，只会加剧社会的不公平。

2006 年 10 月，针对"经济适用房五年后方可上市"的规定，建设部为了防止有人以经济适用房谋利，计划出台"租售并举、以租为主"，以及"政府回购"等政策调整，但有消息说，此项政策因遭到大多数接受调查的人的反对，而暂时搁浅。

可以肯定，如果调整的对象是经济适用房的占有户，他们当然会反对。作为经济适用房政策的既得利益者，他们不赞成政策的调整是情理之中的事。经济适用房政策的调查，更应该听听那些买不到经济适用房的人的意见，听听广大市民的意见。不管是政府回购，还是"以租代售"，政策的获益人都应该是大多数，而非少数既得利益者。

一边是一房难求，一边是近半数的房屋被出租，本该惠及中低收入者的经济适用房政策，确实需要纠偏了。

（案例来源：http://mpa. suda. edu. cn/Uploads/AttachFiles/201067112140 – 0898159208152996.DOC。引用时有删减。）

思考题

1. 造成经济适用房政策执行偏差的原因有哪些？

2. 在实践中可以采取哪些措施来推动经济适用房政策的贯彻，从而确保中低收入者的利益？

第六章　人事行政

【理论概要】

本章主要探讨四个方面的问题：

一、人事行政的含义、特点与原则

人事行政定是指国家的人事机构为实现行政目标和社会目标，通过各种人事管理手段对公共行政人员所进行的制度化和法治化管理。

人事行政具有法治化、专业化、职业化、现代化等基本特点。

人事行政应坚持一些基本原则，如：任人唯贤、德才兼备原则；扬长避短、适才适用原则；考试考核、晋升唯功原则；智能互补、结构合理原则；不断更新、合理流动原则；有奖有惩、奖惩分明原则；依法管理、用人治事一致原则。

二、人事行政的功能与作用

人事行政的功能主要体现在：一是调控功能。调控是指人事行政机构对人事行政关系的宏观综合管理。人事调控的内容，包括政府机关编制、职位的规范、工作人员总量、工资总额的调控等。二是配置功能。配置是指根据空缺职位及其条件，因事择人，达到事得其人、人得其所的目的的一系列活动。人事配置是人事行政中经常性的工作，它涉及录用、任免、升降、调任、轮换、挂职锻炼、回避、辞职、辞退、退休、开除等工作。三是开发功能。开发是指对政府人力资源的开拓与发掘，即将政府工作人员的智慧、知识、经验、技能、创造性等当作资源，予以发掘、培养、发展、使用的一系列活动。四是规范功能。规范是指政府利用人事行政制度、法规对其内部人事关系及政府与其工作人员的行为进行的导向、规定、制约。规范功能是人事行政的基本功能，它使政府人事关系的发生、变更、废止规范化、制度化。

人事行政具有重要作用，主要体现在：人事行政是形成高效能的行政管理系统，卓有成效地管理行政事务的重要保证；人事行政是促进经济和社会发展的关键因素；人事行政是开发人才资源，促进人才成长的重要途径。

三、西方公务员制度的特点与我国公务员制度的特色

西方国家公务员制度的主要特点有：公开考试，择优录用；严格考核，论功行赏；职务常任、政治"中立"；依法管理、讲究职业道德。

我国公务员制度的主要特色有：一是产生方面的特色。我国建立国家公务员制度以社会主义市场经济体制的建立为背景，是为了适应和促进社会主义市场经济的健康发展，加速社会主义现代化进程的需要而建立的。我国国家公务员制度，不是对传统人事制度的全盘否定，而是我国干部人事制度的自我完善和发展。二是内容方面的特色。我国国家公务员制度的内容科学、先进，符合中国国情，具有中国特色。如：我国国家公务员制度坚持党的基本路线、坚持"党管干部"的原则、坚持德才兼备的用人标准、坚持为人民服务的宗旨、不存在西方意义上的"政务官"与"事务官"的划分、不搞多党竞争，没有政务官与事务官的截然分野。三是推行方面的特色。我国推行国家公务员制度，采取积极稳妥的方针，自上而下，分步实施，有计划有步骤地进行。

四、我国公务员制度的主要内容

(一)职位分类制度

职位分类制度是根据职位的工作性质、责任轻重、难易程度和所需资格条件等进行分类。职位分类是以"事"为中心的分类，侧重职位的职务、职责与职权。

我国根据职位的性质、特点和管理需要，将公务员职位分为综合管理类、专业技术类、行政执法类等类别。

(二)考试录用制度

公务员的考试录用，是指机关为按照规定的条件和程序，面向社会采用公开考试严格考察的办法选拔公务员的活动。录用要依据德才兼备标准，坚持公开原则、平等原则、竞争原则与择优原则等。

公务员录用的条件有招考条件、报考的基本条件、报考的消极条件以及职位要求的条件之分。招考条件包括：①必须在规定的编制限额内；②必须有相应的职位空缺。报考的基本条件有政治条件、品质条件和能力条件等，

具体包括：具有中华人民共和国国籍；年满十八周岁；拥护中华人民共和国宪法；具有良好的品行；具有正常履行职责的身体条件；具有符合职位要求的文化程度和工作能力；法律规定的其他条件，等等。报考的消极条件有三：一是曾因犯罪受过刑事处罚的；二是曾被开除公职的；三是有法律规定不得录用为公务员的其他情形。

职位要求的资格条件主要涉及年龄条件、学历条件、专业条件、政治条件等。

（三）职位聘任制度

职位聘任是机关与所聘公务员按照平等自愿、协商一致的原则，签订聘任合同，确定双方权利义务的一种任职方式。其主要特点是：合同管理、平等协商、任期明确。

聘任公务员应当遵循的要求有：一是工作需要，二是机关的选择，三是省级以上公务员主管部门批准，四是在规定的编制限额和工资经费限额内。

（四）考核制度

公务员考核，是公务员主管部门和各机关按照管理权限，依据一定的程序和方法，对所管理的公务员的政治业务素质和履行岗位职责、完成工作目标任务的情况，进行的了解、核实和评价。

公务员考核要坚持全面考核和重点考核相结合、客观、公正、公开、民主、分类考核、考用结合等基本原则。公务员考核的内容包括"德"、"能"、"勤"、"绩"、"廉"五个方面。

（五）任免制度

职务任免是任职与免职的统称。

选任制公务员的职务任免，是通过选举产生的方式来确定任用对象的任用方式。

委任制公务员的职务任免，是由任免机关在其任免权限范围内，委派公务员担任一定职务或免去公务员担任的一定职务。

（六）职务升降制度

职务晋升就是根据机关工作需要和公务员本人的表现，由较低的职务升任较高的职务。降职，就是对不称职的公务员，依一定的程序，降低原有的职务，由较高的职务任较低的职务。按照我国公务员制度的要求，公务员晋升职务的主要依据是本人的德才表现和工作实绩。职务晋升的方法是竞争上岗和公开选拔。

职务下降是一种公务员任用方式和任用行为，既不是一种行政处分，也不是一种惩戒手段。公务员在定期考核中被确定为不称职的,按照规定程序降低一个职务层次任职。

（七）奖惩制度

公务员奖励制度,是指机关依照法律规定或者有关章程的规定,对工作中表现突出,有显著工作业绩或者有其他突出事迹的公务员或者公务员集体给予一定荣誉或者物质利益以示鼓励的制度。

公务员奖励制度应坚持精神鼓励和物质鼓励相结合,以精神奖励为主,公平、公正、公开,奖励个人与奖励集体并重,定期奖励和及时奖励相结合,有错必纠等基本原则。

（八）培训制度

公务员培训是指机关根据公务员职责的要求和提高公务员素质的需要,通过各种形式,有计划、有组织地对公务员进行的,以政治理论、政策法规、业务知识、文化素养和技能训练为主要内容的各种教育和训练活动。

公务员培训包括初任培训、任职培训、专门业务培训、更新知识、提高工作能力的在职培训等四个种类。

（九）交流与回避制度

公务员的交流,是指机关根据工作需要或公务员个人愿望,通过调任、转任、挂职锻炼等形式变换公务员的工作职业,从而产生或变更公务员职务关系或工作关系的一种人事管理活动与过程。

公务员回避,是指通过对公务员所任职务、执行公务和任职地区等方面做出限制性规定,减少因亲属关系等人为因素对工作的干扰,保证公务员公正廉洁的执行公务的法律制度。

（十）申述控告制度

公务员申诉制度是关于公务员对涉及本人的人事处理决定不服,有权向原处理机关申请复核,或向同级公务员主管部门或者人事处理决定机关的上级机关申诉理由,要求重新处理;受理机关必须按照有关规定做出处理的制度。

公务员控告制度是关于公务员对于机关及其领导人侵害其合法权益的行为向上级机关或者有关专门机关提出控告;受理机关必须按照有关规定做出处理的制度。

（十一）工资福利保险

公务员工资制度是指在公务员依法履行职责、完成本职工作后,国家以法定货币支付给公务员个人劳动报酬的制度。

公务员福利制度是指国家和单位为保障和解决公务员的工作、生活及家庭中的基本需要和特殊困难，在工资和保险之外给予经济帮助和生活照顾的一种保障制度。

公务员的保险制度，是指国家对因生育、年老、疾病、伤残等原因而暂时或永久丧失劳动能力的公务员给予物质帮助的一种保障制度。

（十二）辞职辞退制度

公务员辞职制度是指公务员根据本人的意愿提出，并经过任免机关批准，依法解除其与机关的职务关系，或者担任领导职务的公务员依照法律规定的条件和程序辞去所担任的领导职务。

公务员辞退制度是指机关依照法律规定的条件，通过一定的法律程序，在法定的管理权限内做出的解除公务员全部职务的行政行为。

（十三）退休制度

公务员退休是指公务员达到规定年龄，工作时间达到一定年限，或者丧失工作能力，办理有关手续，离开工作岗位，由国家或工作单位给予生活保障，安度晚年的人事管理制度。

公务员的退休条件分为年龄条件、工作年限条件和身体条件三个方面。

【示范案例】

示范案例 6-1

深圳聘任制公务员"铁饭碗"变"瓷饭碗"

一杯茶，一张报，这是外界所理解的公务员上班状况。

如今，这一情景正被打破。改革从最前沿的深圳开始，原人事部（现合并到人力资源与社会保障部）同时批准试点的还有上海浦东新区，时间是在2007年1月。试点的核心内容是公务员聘任制，力图以合约的形式来约束公务员，激发公务员工作热情。

接到国家试点任务后，深圳市经过充分研究、探讨，出台了公务员聘任制试点方案及管理办法、工资分配方案、职业年金计划、聘任合同标准文本等文件。

2007 年 11 月，经过紧张的准备，深圳第一批聘任制公务员开考了，当时的招聘范围限定在专业技术人才。尽管这次招聘的大多为专业技术人才，但仍然产生了巨大反响。尤其通过媒体放大之后，几乎一夜之间，"公务员聘任制"成为搜索热词。

2009 年 6 月，有了一定经验的深圳再次招考，但仍然限定在专业技术人才。

通过两次招聘，最终有 53 人被先后录用。

有了前两次小范围实验，2010 年 1 月，深圳再次组织聘任制公务员考试。与此前两次不一样的是，这次招聘范围广、人数多。2010 年 1 月 1 日起，新进入深圳市行政机关的公务员全部实行聘任制。这是聘任制公务员改革的又一个节点，也将聘任制公务员改革推向了高潮。

截至目前，深圳已组织四次招考，在岗聘任制公务员超过 1800 人。

在深圳，多位聘任制公务员向记者表示，聘任合同就像悬在头顶的"达摩克利斯之剑"，压力时刻存在。"表现不好，就有可能在三年之后不再续签。"记者了解到，聘任制公务员第一次合同期限是三年，之后是五年。为保持公务员队伍的相对稳定，增强机关对优秀人才的吸引力，连续聘满十年的人员可以签订无固定期限聘任合同。但这并不意味着聘任制公务员从此上了保险，可以高枕无忧。受聘用合同约束，对于违反规定或合同条款的公务员，用人单位仍然可以解聘。

公务员捧的不再是"铁饭碗"，而是"瓷饭碗"，需要更加用心用力才能把这个饭碗捧得住、捧得好，这就增强了公务员的职业危机感，也激发了其勤勉工作的动力。

始于 2007 年的深圳公务员聘任制改革试点，已走过五年时间。从最开始的专业技术人员到如今推广到所有新进人员，深圳公务员改革备受关注，成效与争议并存。广东省从 2012 年 4 月 1 日起，逐步扩大聘任制公务员试点范围。2009 年 3 月 16 日，江苏、湖北、河南、四川等地均表示，2012 年将试点聘任制公务员制度。这意味着这项改革将在全国陆续铺开。

（案例来源：2012 年 06 月 11 日《民生周刊》，记者：严碧华，原文标题：深圳公务员改革这五年：铁饭碗变瓷饭碗。引用时有删减和改动。）

思考题

1. 什么是聘任制公务员？谈谈聘任制公务员有哪些积极意义？

2. 结合案例内容，谈谈公务员聘任制与选任制、委任制有哪些异同？

3. 你认为聘任制"瓷饭碗"对"铁饭碗"是否有一定的冲击作用？

分析提示

1. 什么是聘任制公务员？谈谈聘任制公务员有哪些积极意义？

聘任制公务员是机关与所聘公务员按照平等自愿、协商一致的原则，签订聘任合同，确定双方权利义务的一种任职方式。其主要特点是：合同管理、平等协商与任期明确。

聘任制公务员的积极意义在于：第一，扩大了人才选拔范围，有利于满足机关多样化人才需求；第二，合理配置了人力资源，有利于公务员整体队伍吐故纳新；第三，提高了队伍专业水平，有利于提高公务员队伍整体素质；第四，降低了机关用人成本，有利于提高政府行政效能的提升。

2. 结合案例内容，谈谈公务员聘任制与选任制、委任制有哪些异同？

相同点主要体现为：

与选任制公务员、委任制公务员一样，聘任制公务员依法承担国家和社会公共事务管理的工作，纳入国家行政编制，由国家财政负担工资福利；都坚持党的基本路线、坚持干部"四化"方针，坚持德才兼备、任人唯贤的用人标准；坚持党管干部的原则，坚持公开、平等、竞争、择优，都要在国家核定的行政编制和职数限额内录用、任职或者聘任；都执行相同的奖励与纪律规定，都有权对侵犯其合法权益的行为提出控告，等等。

不同点主要体现为：

（1）从权力来源看，选任制公务员的权力直接来源于选举人的授予，直接体现人民的意志；委任制公务员和聘任制公务员都是机关任命的，其职权来自机关的授予，间接地反映人民的意志。

（2）从产生方式上看，选任制公务员经选举产生，委任制公务员通过录用、调入、公开选拔产生，聘任制公务员通过公开招聘或者直接选聘产生。

（3）从任职形式上看，选任制公务员在选举结果出来后，发布任职公告；委任制公务员由任免机关印发任职决定或任职通知任命；聘任制公务员通过签订聘任合同任命职务。

（4）从任职时间上看，选任制公务员在选举结果生效时即任当选职务；委任制公务员自任命决定或命令通过之日起任职；聘任制公务员自聘任合同签订之日起任职。

（5）从任职期限上看，选任制公务员的任期有法律、章程的明确规定，一般与代表会议的任期一致；委任制公务员一般没有任期，非因法定事由、非经法定程序，可以一直工作到退休；聘任制公务员的任期，公务员法规定是一至五年，在合同中约定。

（6）从管理依据上看，选任制公务员和委任制公务员依据法律、法规的规定进行管理；聘任制公务员依据公务员法与有关法规和聘任合同管理。

总之，与选任制、委任制相比，职位聘任具有引入市场机制、开放灵活的特点，近一二十年来，国外公务员管理越来越多地采用聘任制。公务员法专章规定职位聘任，是对我国公务员制度的发展和创新。虽然从目前来看，我国尚未具备在较大范围内实行聘任制的条件，但是，随着市场经济的发展，随着社会就业方式的日益多样化，随着社会保障体系的逐步建立健全，聘任制的任用方式将会得到进一步发展。

3. 你认为聘任制"瓷饭碗"对"铁饭碗"是否有一定的冲击作用？

"瓷饭碗"对"铁饭碗"有一定的冲击作用：

（1）从任职范围看：深圳公务员采取分类管理和聘任制两种改革方式，改革的重点就是把大部分从事政策执行、一线执法、专业服务的公务员从综合管理类中划分出来，归为行政执法类和专业技术类。后两者晋升渠道独立、待遇与行政职务级别脱钩。从这个意义上看，"铁饭碗"的范围将进一步减少，"瓷饭碗"对"铁饭碗"有一定的冲击。

（2）从工资待遇看：聘任制公务员采取的是协议工资制，没有上限规定，特殊职位的"瓷饭碗"，将会得到比"铁饭碗"更高的工资待遇。从这个角度看，聘用制其特有的选聘方式和协议工资制度，有利于吸引各领域高端人才参与政府管理。

（3）从晋升条件看："瓷饭碗"待遇提升不取决于能否做官，而取决于自身履职履责能力、工作业绩和年功积累，从这个意义上看，把"铁饭碗"变成"瓷饭碗"能从制度上解决"官本位"问题。

（4）从退出机制看：相对于委任制的"铁饭碗"而言，聘任制的退出机制更加灵活，随着养老、失业等保障制度的实施，有利于公务员寻找别的职业道路。

（说明：本题无标准答案，以上观点仅供参考。）

☞　示范案例6－2

上班时间为友祝寿　重庆"最牛公务员"终被免职

2009年3月16日，重庆市奉节县吐祥镇党政办公室主任雷清平在上班时间参加取保候审人员刘书秦的寿宴，被举报后声称不怕"曝光"，"最多也就有个处分了不起，不会解除我的公务员身份"。雷清平被网民称为"最牛公务员"。

然而，3月29日雷清平矢口否认此事。当地村民反映，此事发生后，雷清平不仅没有歉意，还放言要找举报人的麻烦。

据吐祥镇村民杨某介绍，3月17日（星期二）上午，他去镇政府找党政办主任雷清平签字，被告知雷主任不在，让他到祥和广场后面的马路附近去找。"到那里，我吓了一跳"，杨某说，"雷主任正红光满面地穿梭在几十桌酒席之间，场面很热闹。"

吐祥镇村民王明清透露，雷清平是酒席的"支客"。"支客"是当地对"宴席总管"的称呼。担任"支客"者，通常酒量较大，与宴席主人关系密切，在宴席中负责招呼客人，安排酒菜杯碟等事务，有事还要替主人挡酒。当时，雷清平正在安排客人的座次，见到杨某来办事，不高兴地说"很忙没空"。

"我们看到雷主任上班时间跑前跑后给刘书秦当'支客'，感觉很不正常。"吐祥镇几名村民说。当时，村民黄守维拨打了重庆一家媒体的热线电话，反映这一情况。黄守维说，刘书秦的寿宴排场很大，从3月16日下午就开始了。当时，镇上很多人都看到雷清平穿梭于酒桌间的身影，可那是上班时间。

3月29日，记者致电雷清平希望了解情况。雷清平说，自己不仅没有参加刘书秦的寿宴，也没有当"支客"，举报的事情更是无从谈起。

记者提示雷清平，根据采访录音，此前他在接受媒体采访时，承认自己在3月16日下午、3月17日上午给刘书秦的寿宴帮忙；还说了不管是哪个媒体曝光，"最多也就有个处分了不起，不会解除我的公务员身份"这样的话。雷清平听后，什么也没说就挂断了电话。

3月30日晚，吐祥镇包括4名党员在内的6名村民，在记者的采访笔记上集体签名，保证雷清平在上班时间参加刘书秦寿宴一事属实。

黄守维向媒体举报的事情，很快就被雷清平知道了。3月30日，黄守维说，从那以后，他就不敢回家了。因为向媒体举报雷清平，雷清平两次找上门来放言威胁。

在吐祥镇村民看来，举报雷清平"上班赴宴"，是一次群众监督干部作风的行动。但这次举报至今没有任何说法，举报人还被放言威胁，这让不少村民感到伤心。

一些村民表示，雷清平上班时参加寿宴本来算不上啥大事，被举报后只要态度诚恳地认个错，村民就会原谅他。可雷清平不仅不认错，还威胁举报人，这影响了基层领导干部的形象。

目前，雷清平已被免去主任职务。吐祥镇党委就在干部管理方面存在的问题向奉节县委做了深刻检查，奉节县纪委已对雷清平进行政纪立案。

调查组还认为，3月29日，当媒体记者到吐祥镇就此事采访雷清平时，雷清平对采访极不配合，对舆论监督持抵制态度，说话严重损害了公务员形象。

调查组认为，雷清平作为一名当地政府的党政办主任，在知道为朋友的生日宴会当"支客"会造成不良影响的情况下，仍然在上班时间不请假前往，严重违反了工作纪律，同时，接受采访时说话损害了党员干部、公务员的社会形象。

目前吐祥镇党委已经下发了免去雷清平党政办公室主任的文件，奉节县纪委监察局对雷清平的政纪立案工作已在进行之中。

（案例来源：2009年4月1日，人民网－《京华时报》及2009年04月03日《新京报》相关报道。引用时有删减。）

思考题

1. 公务员的处分种类有哪些？案例中雷清平受到的是哪种处分？
2. 你认为雷清平为什么有那么多嚣张言论而被网上称为"最牛公务员"？
3. 你如何看待当地党委免去雷清平党政办公室主任的处分规定这一事实？

分析提示

1. 公务员的处分种类有哪些？案例中雷清平受到的是哪种处分？

本案例涉及到公务员的处分种类等方面的问题，具体涉及到以下知识点：

处分的种类有六种：一是警告，它是一种警戒性的纪律制裁方法；二是记过，它也是一种警戒性的纪律制裁方法；三是记大过；四是降级，它是一种降低公务员级别的纪律制裁方法；五是撤职，它是一种撤销公务员所担任的职务的纪律制裁方法，在被撤职时还应当降低级别；六是开除，它是一种解除被处分公务员与机关的人事关系的纪律处分。

案例中雷清平受到的第五种撤职处分。

2. 你认为雷清平为什么有那么多嚣张言论而被网上称为"最牛公务员"？

雷清平的这些嚣张言论表明了他的工作态度和对公务员工作纪律的冷漠，将工作纪律的约束视为儿戏，这也反映出很多公务员执政理念为民服务意识的淡薄。

而且，"最多也就有个处分了不起，不会解除我的公务员身份"，表明他嘴里所谓的处分仅仅是指"警告"、"记过"这样的层次较低、处罚较轻，几乎没有实质内容的警戒性纪律制裁方式，而认为像"降级"、"撤职"甚至是"开除"这样的处分种类好像不存在或者根本不会发生，公务员只要不贪污受贿，不发生重大责任事故，就可以高枕无忧，其他的违反纪律的相关处罚大不了是个"警告"，意思一下而已。这也在某种程度上折射出在很多地方，对公务员的处分也仅仅是流于形式。

这名公务员之所以倒下，可以说是舆论监督的胜利，是民意质疑的结果，更是他自掘坟墓的后果，如果他稍作收敛而不是持续挑衅，就不会激起众愤。

正是基于如上那些错误认识，雷清平才会有那么多嚣张言论。

3. 你如何看待当地党委免去雷清平党政办公室主任的处分规定这一事实？

雷清平作为一名当地政府的党政办主任，在知道为朋友的生日宴会当"支客"会造成不良影响的情况下，仍然在上班时间不请假前往，严重违反了工作纪律；同时，接受采访时的回答"不怕媒体曝光，最多也就有个处分了不起，不会解除我的公务员身份"，雷清平对采访极不配合，对舆论监督持抵制态度，他的言行表现严重损害了党员干部、公务员的社会形象。

作为公务员，党的干部，就应认真实践全心全意为人民服务的宗旨。现阶段，广大党员干部应该牢固树立和坚持正确的事业观、利益观、政绩观，扎扎实实工作、老老实实做人、干干净净做事，始终把维护人民群众的根本利益作为我们工作的出发点和落脚点。除了党员干部自己努力外，关键还是要严厉惩治违规违纪的人员，只有知耻方能有所改进，只有指到痛处，他们才会严格执行制度和规定。

雷清平最终被免职的处分，也说明了我党工作纪律的严明，说明党对公务员违法行为的处分的决心与力度是非常大的。

（说明：本题无标准答案，以上观点仅供参考。）

【案例作业】

案例作业 6－1

"最苦金饭碗"为何还是令人向往？

材料 1

2013 年国家 140 多个中央机关及其直属机构招录 20339 人，具体职位表终于在 2012 年 10 月 13 日正式公布。不过兴冲冲下载的职位表，也瞬间让不少考生"凉"了心。虽然 2013 年招录公告一早已经表示"岗位将向基层倾斜"，但见到职位表上众多看着都心寒的备注，很多考生一下还适应不过来。"这就是所谓的金饭碗？简直是史上最苦金饭碗啊！"有网友这样感慨。

在以往的印象中，国家公务员几乎是"清闲"、"高薪"、"保障好"的代名词，很多人报考公务员，觉得工作轻松，而 2013 年的招录职位表，仅仅岗位描述一项，就和"清闲"离了十万八千里。

国家公务员岗位，历来都是"越往上走"，学历、工作经验等条件越高。2013 年的招录，省级以上党政机关录用公务员，除部分特殊职位外，全部招收具有 2 年以上基层工作经历的人员。参加这些岗位竞争的，通常也都是各行各业的佼佼者。不过尽管考生条件优越，也不意味着工作清闲。在 2013 年中央党群以及中央行政机关中，就有不少"苦差事"。

比如中央纪委、监察部机关厅市局所招的 9 个纪检监察职位，无一例外都标明了"常年出差"4 个字。中央党校办公厅的 3 个职位，则标明了"职位需要晚上值班"。而在中央国家行政机关中，水利部国家防汛抗旱总指挥部办公室所招录的一职位"需常赴抢险救灾现场，条件艰苦，适合男性"。国家海洋局更成为艰苦岗位的集合地，"能够出海"、"能够坚持节假日加班"、"适合经常出差"……一半岗位都加了类似的附加条件。

以国税系统为例，"国家级贫困县"、"欠发达地区"、"不提供宿舍"、

"本单位最低服务期五年"等备注比比皆是。连江苏国税无锡市惠山国税局所招收的一个基层分局职员岗位，也明确写上了"农村分局条件艰苦"几个字。

海关系统的备注更多也更直白。北京海关就有 8 个岗位明确标明了需要"24 小时倒班，体能良好，住宿自理"。几乎每个省的海关都或多或少出现了"露天作业"、"工作强度大"、"体能要求高"、"经常出差办案"、"适合男性"这样的字眼。

2013 年国家公务员成了"史上最苦金饭碗"，在专家眼中却不是偶然。华图教育公务员考试研究专家邵君怡告诉记者，公务员岗位向基层倾斜，已经是近几年的趋势。2013 年表现得特别明显，一个原因是公务员职位表说明得越来越详细，因此给人感觉也特别突出。

（案例来源：2012 年 10 月 14 日《扬子晚报》，记者：杨彦，原文标题：2013 年国家公务员多为艰苦职位被称最苦金饭碗。引用时有删减。）

材料 2

国家公务员局在 2012 年 10 月 13 日公布"2013 年度中央机关及其直属机构考试录用公务员招考简章和具体职位表"。2013 年国家公务员招考共计 12901 个职位，招考人数达 20839 人，均为历年之最。据预测，今年报名人数很有可能接近 200 万，而招录比例也很有可能高达 90：1。

据了解，连年来国考的招考职位和招考人数持续增加。在这次的招考人员中，有 16538 个名额对基层工作经验无限制，占总数的 8 成。国考招考简章公布的国家公务员考试职位分属四个系统，即中央党群机关，招考职位数 337 个，招考人数 455 人；中央国家行政机关，招考职位数 435 个，招考人数 754 人；中央国家行政机关直属机构和派出机构，招考职位数 9623 个，招考人数 16193 人；国务院系统参照公务员法管理事业单位，招考职位数 2506 个，招考人数 3437 人。

2013 年国家公务员考试，本科可报职位的招考人数为 18133 人，即约 9 成职位均要求本科学历。

近几年来，考生的报考比例持续增长，预计在今年全国经济降速造成的就业压力影响下，考生报考的热情还将高涨。据预测，今年报名人数很有可能接近 200 万，而招录比例也很有可能高达 90：1。

（案例来源：2012 年 10 月 15 日《京华时报》，记者：赵鹏，原文标题：2013 年国家公务员考录比例或将高达 90：1，竞争非常激烈。引用时有删减。）

思考题

1. 如何看待案例所反应的"最苦金饭碗大家也要抢着捧"这个问题？
2. 如果可能，你会参加公务员考试吗？谈谈你的理由？
3. 你认为如何才能让公务员考试的温度更加合理？

案例作业 6-2

公务员考试第一名被以性格内向、不合为由拒录

材料 1

在黄红通过笔试、面试和体检后，2012 年 3 月 13 日，青海保监局发出对黄红的考察公告。黄红怎么也没想到，就在她即将踏入国家公务员队伍的时候，一句"性格内向"将她挡在大门外。"这个理由实在太荒唐了"。黄红很不解。

27 岁的黄红毕业于中国人民大学保险专业，目前在北京某公司从事财务工作，她一直期望成为一名公务员。去年 10 月 16 日，中国保险监督管理委员会青海监管局(简称"青海保监局")公开招录 6 名公务员。经过 4 个多月的努力，黄红通过了国家公务员考试、专业考试、面试和体检，面试成绩和总成绩排在该局"专业监管岗位"第一名。

就在她满心欢喜准备上岗的时候，接到了该局人事处的电话，"我被告知'岗位匹配度不够，理由是性格内向'，被取消录用。"她无法接受这样的理由，多次向青海保监局索要拒绝录用理由的书面文件，但青海保监局拒绝出示。

记者致电青海保监局人事处，负责人王强表示：今年，该局最终的确只录用了 3 人。对于拒绝黄红等 3 名考生的理由，王强表示不方便透露，"这些事情不方便说。我们已经向中国保监会作了书面汇报。考察工作有保密原则，我们不能对外透露，这也是国家公务员局的规定。"

2011 年 11 月 12 日，青海保监局发布招考公务员的公告。黄红等 3 人向记者提供了保监局这次招考的岗位要求，其中明示：监管岗位招 4 人，综合岗位招两人。岗位要求共有 4 条，前 3 条为硬性指标，为职业属性、学历、英语成绩和专业要求；第 4 条为：具有较好的文字功底和良好的人际沟通能力，

其他不限。

针对黄红"性格内向"被拒绝录用，王强以"保密为由"没有做出正面答复。他说："我们招考的时候，要求很明确：要求有良好的人际沟通能力，他们在报考的时候没有认真看我们的条件。从我们考察的情况来看，有的考生性格内向，不太适应岗位要求。"王强说，"我们到目前为止，所做的所有事情没有违反国家公务员录用的规定，我们也愿意接受社会的监督"。

（案例来源：2012 年 05 月 10 日《中国青年报》，记者：辛明，原文标题：公务员考试第一名被以性格内向为由拒录。引用时有删减。）

材料 2

2011 年 9 月，刘金星报考了福建省省委办公厅一科员职位，在笔试、面试环节中分别取得第一名。正当辞掉工作的刘金星满怀欣喜准备入职时，却被电话告知因性格原因不予录用。2012 年 10 月 17 日下午，福建省省委办公厅、组织部相关负责人对此做出解释，称在考察环节中发现问题，该处理方式符合规定。

2011 年 8 月，福建省省委办公厅向社会公开招录技术中心科员 1 名，要求计算机科学与技术类专业、硕士研究生及其以上学历。9 月中旬，刘金星参加笔试。两个月后，在福建省公务员考试录用网公布的拟进入面试人员名单中，他以 142.1 分的笔试成绩位列该岗位第一名；11 月 15 日，刘金星再次在面试中考取第一名；一星期后，刘金星顺利通过体检。随后，福建省相关部门向刘金星的原单位调档审查。

2012 年 3 月，正当刘金星以为能顺利收到录取通知时，却接到了福建省省委办公厅的电话，"干部处一位姓陈的副处长说，经过综合考虑，我不能被录用。"陈副处长表示，由于纪律要求，不能透露不予录取的原因。

早在得知笔试成绩后，刘金星就已经辞去了广东的工作。"我怎么也不相信，会在最后的节骨眼上出问题。"接下来的几个月，刘金星几次前往福建省省委办公厅，但均未得到满意的答复。在一段刘金星提供的第三次协商录音中，一位干部处负责人表示，拒绝录取的原因系考察环节中，发现刘金星在性格方面的表现不符合该厅要求。

2012 年 10 月 17 日下午，记者先后致电招聘方福建省省委办公厅与监管方福建省委组织部。办公厅干部处的一名工作人员坚持称，由于具体岗位涉密，并不能向当事人公开不予录取的原因，"我们为了公平起见，这个岗位一直空缺至今，也没有进行补录。"

（案例来源：2012 年 10 月 18 日《京华时报》，记者：刘佳，实习记者陈昕汝，原文标题：福建省委办公厅公考头名被拒录称因性格不合。引用时有删减。)

思考题

1. 公务员考试录用需要具备哪些条件？
2. 谈谈案例中的两位主人公是否具备公务员考试录用资格？
3. 公务员的性格有多重要？谈谈你如何看待公务员的"性格"问题？

案例作业 6-3

年轻干部选拔引发社会广泛关注

2012 年 5 月 10 日，湖南宣布公开选拔 33 名优秀年轻干部，规模创下历史之最，职位中包括副市长等要职，消息一出广受好评。但毋庸回避的现实是，近年有关年轻干部选拔的质疑声也时有耳闻。

年轻干部选拔为何受关注？

2009 年 6 月，29 岁的清华大学硕士毕业生周森锋当选湖北省宜城市市长，一时成为全国舆论的焦点。随着自上而下换届工作的推进，人们对选拔使用年轻干部的关注度越来越高，"最年轻××"之类的新闻频频触动社会的敏感神经。

据不完全统计，继周森锋之后，引发关注的年轻干部选拔事件不下 15 起：25 岁的湖北省宜都市女镇长牟阳，29 岁的河北省馆陶县代县长闫宁，23 岁的清华大学毕业生、甘肃省武威市副县级干部焦三牛……

梳理近年来的案例，对于引发争议的年轻干部提拔事件，当地的组织人事部门都予以了回应，有些还组织了专门调查。根据有关方面回应和调查来看，绝大多数年轻干部的选拔程序符合规范，而且其中不少人还是通过公开选拔、竞争上岗等方式择优产生的，这恰恰是近年来干部人事制度改革成果的具体体现。

当然，在一些受到质疑的事件中，也确实发现了问题。去年 12 月，经山西省临县县委核实，1978 年出生的安家庄乡党委书记曹莉涉嫌简历造假；今年 4 月，湖南省有关部门调查后证实，湘潭"90 后女副局长"属违规任用。上述个案，有关责任人均已受到了处理。

专家指出，年轻干部选拔之所以越来越受关注，一个重要因素是随着我国干部人事制度改革的不断深化,年轻干部的选拔任用日益从幕后走向台前。

年轻人"挑大梁"难在哪?

人才成长规律表明,25岁至45岁是人才发展的"黄金期",这个阶段的人最具活力、魄力和创造力。古今中外,青年人"挑大梁"的例子屡见不鲜。

但如今,每当有年轻干部被提拔,虽也有支持的声音,但也有怀疑和担忧:年龄这么轻,资历这么浅,凭什么让他上?肩膀这么嫩,没经验没阅历,怎么能挑起重担?年轻人有的是机会,为什么不能谦让一下老同志?

专家指出,面对新形势、新任务、新挑战,如今年轻干部不是多了而是仍满足不了需要,选用年轻干部步子不是快了而是仍跟不上时代步伐。如果没有宽容、理性的社会氛围,没有不拘一格用人才的开放思维,总习惯性地"逢年轻必疑",我们错失的不仅是机遇还有希望。当前,迫切需要树立科学人才观,勇于冲破旧观念,敢为事业用人才。

用才如何"不拘一格"?

针对"干部年轻化"问题,邓小平曾经说过,"一定要真正把优秀的中青年干部提拔上来,快点提拔上来……特别优秀的,要给他们搭个比较轻便的梯子,使他们越级上来。"

"选拔任用年轻干部要不拘一格,但并不是说在具体程序上网开一面。"戴焰军说。专家指出,当前社会上存有质疑,既是因为旧观念在不少人心中仍根深蒂固,也是因为公众对年轻干部选用工作有了更高期待。为优秀年轻干部搭起"轻便的梯子",需遵循年轻干部成长的规律,需在培养、选拔、使用等各环节进一步完善机制。

"对青年干部的培养,要逐渐确立有利于他们发展的政策支持体系,也要加强对他们的教育和引导。"陆士桢认为,应该有意识地引导年轻干部到基层一线去,到矛盾大困难多的地方去,让他们在艰苦磨炼中成长,弥补短处和不足。

（案例来源:2012年5月20日,新华社北京,记者:周英峰,原文标题:公开选拔优秀年轻干部如何"不拘一格降人才"? 引用时有删减。）

思考题

1. 根据所学知识,谈谈干部选拔要坚持哪些基本原则?
2. 你认为选拔年轻干部引发社会广泛关注的主要原因是什么?

3. 如何理性地看待年轻干部竞争性选拔或破格提拔的问题?

案例作业 6-4

公务员 8 小时之外的行为是否应该受到规范约束

观看黄色录像、不见义勇为、搞婚外情、违章搭建……这些社会生活中司空见惯的不良行为,如今都被以"禁令"的形式一一列入《南通市公务员思想道德和社会诚信行为规范》(简称《规范》,下同)中。记者仔细研读这个全省首部"公务员道德和诚信规范",发现至少有 40 种有违职业道德和社会公德的行为被明令禁止,而对公务员职务之外的 18 条生活约束,则成了这部"规范"的最大亮点。

新规范与传统考核相比,更强调"德",公务员首先要做一个"好人"。

公务员管理的南通版《规范》从酝酿到出台,共用了一年多的时间,最近以"通人社公〔2011〕1 号文件",由南通市委组织部和人社局向社会发布。

记者获悉,目前南通共有公务员数量 2.3 万名。南通市人社局公务员管理处陈珏新处长说,对公务员群体的考核,根据现有的评测体系,虽然有"德、能、勤、绩"四方面内容,但实际更强调"绩"的表现,南通出台的公务员道德和诚信行为规范,则更多地突出"德",即如何做一个好人。"在法律制度等强制性底线之上,重构公务员群体的价值体系,是《规范》的出发点。"陈珏新说。

南通市人事部门观察发现,在绩效评估、机关作风考核等制度的严格约束下,公务员在单位的 8 小时之内,大都能勤勉敬业、表现尚佳,群众满意度也逐年上升,但下班离开机关后,8 小时之外属于个人的自由空间,一些公务员的表现则差强人意,言行举止甚至不如普通群众。"有些公务员在小区内违章搭建、不缴物业费、闯红灯,甚至酒后在饭桌上高谈阔论,虽然这些都不是违纪行为,但至少是道德缺失,公务员作为社会的主流群体,这些行为影响很坏,我们觉得也有必要进行管理。"陈珏新对记者说,8 小时内外,对公务员的考核,都用"一把尺子量到底"。

记者发现,这部以"德"为核心内容的《规范》,共有 6 章 27 条,除了总章外,第二、三、四章均为公务员职务内的行为约束,即职业道德,而第五章则重点规范公务员的社会公德、家庭美德和个人品德。这部《规范》事无巨细地列出了 40 条明令禁止的不良行为,既有诸如"应对突发事件、处理各种利益关系时"不能"逃避退缩，不敢负责"、不得"参与社会非法组织或参与非法活动"的原则性要求，也有不得"对群众态度冷淡、生硬、蛮横"、"上班时间上网玩游戏、炒股、聊天"的工作约束；既有对"占用或借用与本职工作有关的各类利害关系人提供的交通工具、通讯工具、电脑或其他贵重物品"、"利用公款相互吃请"等不良行为的管制，也有"观看、收藏、传播黄色影视和书刊，拨打色情电话"、"破坏生态环境，毁坏公共设施或文化古迹"这样的职务外不雅行为的监管。

"将公务员的个人考核由机关向社会延伸，由工作向生活延伸是这部行为规范的最大亮点。"陈珏新说。

记者发现，在以"诚实守信、品行端正"为核心内容的《规范》第五章中，就明确要求公务员要尊老爱幼、赡养父母、夫妻平等、家庭和睦，不得有"实施家庭暴力、虐待老人、不承担抚育子女责任，存在婚外情等违背婚姻、家庭伦理道德的不良行为"。陈珏新说，类似婚外情这样有违公德的行为，他们已处理了多名公务员。

该规范在网上也引发了众多网友的热烈讨论，在新浪、搜狐等各大网站上，网友的跟帖回复超过了5万多条。南通出台的这个行为规范受到广泛关注，有人叫好，也有人觉得这个《规范》对公务员"管得太宽"。

（案例来源：2011年4月20日《扬子晚报》，记者：郭小川，原文标题：江苏南通禁公务员看黄片 称道德底线应高于百姓。引用时有删减。）

思考题

1. 公务员有哪些义务与相关行为规范？
2. 《公务员法》对公务员的道德行为是如何规定的？为什么这样规定？
3. 在8小时之外，公务员的各种行为是否应该受到严格的规范约束？

第七章　行政法治

本章主要探讨四个方面的问题:

一、行政法治的基本概念与特征

行政法治,即指行政权的合法行使。就是说,行政权(行政机关的权力)和行政权的行使(行政程序)都是法定的,法律对此有明确的规定。

行政法治的特征主要有:

(一)民主性

现代行政法治必然内含民主与正义,以政治民主性为本质特征。现代行政法治的精髓和要义就是把法律从作为国家和政府对社会的控制手段和统治工具变为人民在当家作主前提下以法来管理国家政治、经济、文化事务,约束政府权力使其合理运用,从而使国家权力服从于社会公众的共同意志,政府的权威从属于体现人民共同意志的法制权威。行政法治的民主性,反映了人类构建有序化的社会组织和社会秩序的目标——追求自由、平等和人格独立的共同要求,更是社会主义民主政治建设的必然要求。

(二)公正性

行政法治既包括立法公正(即制定出来的法律、法规必须反映人民群众的共同意志和根本利益),也包括司法公正(其核心是审判公正);既要求实体正义(法律应当体现和维护社会正义和基本道德准则,对社会利益进行公平分配),又讲求程序正义(在所有诉讼和非诉讼的纠纷解决过程和机制中均体现正义)。坚持法律面前人人平等的原则,反对任何形式的等级特权和法外特权,不承认有任何不受法律约束的特殊领域和公民。对国家行政机关来说,在行政管理活动中必须坚持公开、公正的原则,凡直接涉及群众切身利益的职能部门要实行办事公开制度,将办事方式、办事程序、办事结果公开,主动接受人民群众的监督。

（三）权威性

行政法治必然要求行政机关依据法定权限、按照法律的规定制定大量行政管理法规，以便有效地管理国家与社会事务。行政管理的范围广泛、内容复杂，也决定了行政法规所涉及的范围十分广泛，且必须具有权威性。如果法律没有权威，无论制定多少或多么好的法律法规，都难以实施，都不会取得预期的效果。在一个民主的社会里，法律之所以应当具有权威，不仅仅是因为法律具有内在的合理性，更重要的是现代的社会、政治和经济生活客观上需要法律这种权威。只有树立法律法规的权威性，行政机关才能正确履行自己的职责，行政管理的各项职能才能得到充分发挥。

（四）实效性

行政法治不仅要求法律法规体系的完善，而且更注重法律的有效实施。特别是社会主义的行政法治把法律权威同广大人民群众自觉地遵纪守法结合起来，讲究有法可依、有法必依、执法必严、违法必究，使立法、执法、司法、护法、守法紧密衔接，使法律调整的目的同社会发展的实际状况及人民群众的意愿相结合，并通过一整套可操作的规程，以寻求法律实施的良好社会效果，努力实现依法行政、依法治国的目标。

二、行政法治的基本要求

有法可依，有法必依，执法必严，违法必究（行政法治"十六字"方针）。

三、行政法治的重要意义

（1）保证行政管理为人民服务的目标落到实处。
（2）保证行政管理统一性、连续性和稳定性。
（3）保证党的组织和行政机关在法律的范围内活动。
（4）保证市场经济健康有序地发展。

四、行政法治的主要环节

（一）行政立法

行政立法，是指国家行政机关依照法律规定的权限和程序制定有关行政管理方面的规范性文件的活动，包括国务院制定行政法规，国务院各部、委制定行政规章和法律授权的地方政府制定规章的活动。

（二）行政执法

　　行政执法是国家行政机关执行法律法规的行为，是指行政机关为保证宪法、法律和行政法规、规章等规范性文件的实施，针对行政管理对象采取的具体行政行为。

　　（三）行政司法

　　行政司法是行政机关根据法律授权充当裁决人，对争议或纠纷做出裁决的制度。

　　（四）行政诉讼

　　行政诉讼是指公民、法人或者其他组织认为行政机关及其工作人员的具体行政行为侵犯其合法权益，依法诉请人民法院审理并做出裁判的诉讼制度。

　　（五）行政赔偿制度

　　行政赔偿是指行政机关及其工作人员违法行使职权侵犯了公民、法人或其他组织的合法权益并造成损害，依法由赔偿义务机关承担损害赔偿的一种法律制度。

　　（6）行政复议

　　行政复议是指公民、法人和其他组织不服行政机关的具体行政行为，依法定程序和条件向该机关的上一级机关或者法定的其他复议机关提出申请，受理机关对引起争议的具体行政行为进行审查并做出决定的行政司法活动。

【示范案例】

☞　示范案例 7 – 1

公民的合法权益受到政府机关的侵犯怎么办

　　2005 年，A 县某镇水利管理站某泵站的领导们考虑到站内经济困难，决定自办商店，以商养站。于是计划建两间房子做生意，并决定在泵站仓库前面的村民杨某家的南面建房。后来，由于商店经营不好，加上泵站领导归属的变更，生意做不下去了。这时，村民杨某看到这两间房子与自己的房子连在一起，心想如果买下它自己做生意，就十分方便。经多次协商，杨某终于在 2007 年将泵站的这两间房买了下来。由于杨某认真经营，生意做得不错，后因公路重修,商店的生意也比以前更好。

2008 年 11 月下旬的一天,某泵站来人找杨某,要他将原有的两间私房让站里做生意,杨某不同意。12 月 7 日,某镇水管站(某泵站的直接领导)的一名工作人员与西安水利局提放派出所的指导员唐某及一名民警,突然来到杨某的家里对杨某说,你家的房子建在地坡上,将来涨水时影响水的流速,属于堤障,按规定必须拆除,你准备马上搬家。杨某一时傻了眼,不知所措。他想到村里不少住户与自己家的住房地势相同,于是,他找来村干部与他们交涉。村干部听了水管站及派出所来人的意见后,认为要拆杨的房子是不合理的:第一,杨某家的这四间房子中有两间是泵站建好后卖给杨家的,如果属于堤障,为什么泵站要在此建房,而且建好后又卖呢? 第二,在此段堤防内,类似杨家这样的房子不下 20 户,为什么独要杨家让房子呢? 第三,为什么迟不拆早不拆,偏偏杨不出让买下的房子后拆呢? 来者无法回答这三个问题,说服不了村干部,只好走了。

24 日,水管站的站长亲自出面了,他找到杨某后,要杨某立即拆房,并给杨两处新房基,任杨挑选。杨说,这两处新房基于自己的房子地势差不多,那不又成了堤障吗? 站长却说,你的房子在泵站前,妨碍工作,给你的新屋基是我们安排的,我们不说是堤障就行了。杨某坚决不同意拆,站长警告他说:你拆也得拆,不拆也得拆! 第二天,站长又带着堤防派出所的指导员、两名民警、一名某镇派出所治安员,一起来到杨家,要强行拆屋。杨据理力争,但无用,被迫退出店堂。于是,民警韩某就将店门反锁上了。

店门被封后,杨某四处找人投诉,他先后向几十个单位的负责人反映了此事,但这些单位都是你推过来,我推过去,谁也不愿意解决这一问题。后来,县个体劳动者协会通过调查,写出了报告,县长周某在报告上做了调查处理的批示。但是,批示归批示,问题还是没有解决。水管站站长还扬言说,封他的门还算是客气的,当时我们要果断点,用推土机把他的房子推了不就完事了!

(案例来源:http://blog. sina. com. cn/s/blog_70da1ef50100rsp6. html。引用时有更改。)

思考题

1. 怎样看待水管站与杨某的房屋纠纷?
2. 在县长干预都不能解决问题的情况下,杨某应该怎么办?

分析提示

1. 怎样看待水管站与杨某的房屋纠纷？

案例中水管站的行为有两处明显的错误：从事营利性的经营活动；滥用国家赋予的公共权力侵犯公民的合法权益。

行政管理学的基本原理说明，政府作为国家的行政机关，有依法对国家社会生活的各个领域进行管理的职责与功能，但是政府作为公共权力的行使者是不能从事以营利为目的的经营活动的，国家法律也有明文规定严禁政府机关及其工作人员经商。因此，本案例中，作为政府业务部门的某镇水电管理站及其所属的水泵站建房做生意本身就是错误的。后因经营不善将小店转让给村民杨某，应该说是合适的，是不自觉地纠正了原来的错误。但当杨某将小店经营得不错时，水泵站领导想要收回小店自己经营，是又犯了原来的错误。当杨某拒绝收回房屋的要求后，水泵站领导为了达成自己的目的寻找各种借口，并动用专政工具，强行封了杨家小店，于是一场滥用国家权力而侵犯公民合法权益的严重违法事件就发生了。

水泵站作为政府业务部门从事营利为目的的经营活动，本身就是错误的，强行封店更属于滥用公共权力侵犯公民合法权益的行为，杨某在本案例中属于权力的被侵犯者。

2. 在县长干预都不能解决问题的情况下，杨某应该怎么办？

公民维护自身合法权益的途径有很多，主要包括：人事调解、申请仲裁、申请行政复议、提起诉讼（包括民事诉讼和行政概念诉讼）、信访等。公民可根据权益受到侵犯的不同情况有针对性地选择维权途径。本案例中，该县某泵站利用职务之便对杨某已买的产房进行强拆，在一定程度上侵犯了杨某对房屋的使用权，在县长干预都不能解决的情况下，杨某应及时向当地人民法院起诉，告发水电站的侵权行为，运用法律武器维护自身的合法权益。

（说明：本题无标准答案，以上观点仅供参考。）

示范案例 7-2

赵作海冤案带给我们的反思

1998 年 2 月 15 日河南省商丘市柘城县老王集乡赵楼村赵振响的侄子到

公安机关报案，其叔父赵振晌于 1997 年 10 月 30 日离家后已失踪 4 个多月，怀疑被同村的赵作海杀害。公安机关当年进行了相关调查，1999 年 5 月 8 日，赵楼村在挖井时发现一具高度腐烂的无头、膝关节以下缺失的无名尸体（尸体经公安机关四次 DNA 鉴定后无法确定身份）。

公安机关遂把赵作海作为重大嫌疑人于 5 月 9 日刑拘。公安机关两次将该案移交商丘市检察机关后，都因"事实不清，证据不足"被退卷，要求"补充侦查"。赵作海被羁押 3 年零 3 个月后，该案被上级政法机关列为重点清理的超期羁押案件，要求迅速结案，或释放，或判刑。由于证据不足，商丘市检察院在两次退卷后，拒绝再次接卷。而警方坚持认为赵作海是杀人凶手，不能放人，造成赵作海在看守所长期羁押。2002 年八、九月份，公安机关在清理超期羁押专项检查活动中，将该案提交商丘市政法委研究。政法委组织专题研究会，会上专题汇报该案。最后，经过会议集体研究，结论是案件具备了起诉条件。3 年期间，赵作海在存在刑讯逼供的情况下做了 9 次有罪供述。检察院后来也放弃了 DNA 鉴定没有结果这一疑点，接受了公安机关的移卷。2002 年 10 月 22 日，商丘市人民检察院以被告人赵作海犯故意杀人罪向商丘市中级人民法院提起公诉。2002 年 12 月 5 日，商丘中院做出一审判决以故意杀人罪判处被告人赵作海死刑缓期二年执行剥夺政治权利终身，省法院经复核于 2003 年 2 月 13 日做出裁定核准商丘中院上述判决。

2010 年 4 月 30 日，赵振晌回到赵楼村。2010 年 5 月 5 日下午，省法院启动再审程序。5 月 7 日下午，商丘中院递交了对赵振晌身份确认的证据材料。5 月 8 日下午，省法院召开审委会，认定赵作海故意杀人一案是一起明显的错案，宣布赵作海无罪释放并立即启动国家赔偿程序。

作为冤假错案之典型，赵作海案在经历司法机关纠错、国家赔偿、几名法官被调离或停职之后，已基本淡出公众视线。

造就这次冤案的原因，河南省高院认为大致有六个方面：一是先入为主的传统思维。在做出判决前，就主观上把被告人当成了犯罪分子，过分倾向公诉机关的意见。二是背离了公检法互相制约的立法本意。三是控辩双方严重失衡的审判格局。个别法官由于担心疑罪从无会放纵罪犯，受到质疑和批评，审判常常围绕证明被告人有罪单向展开，而忽视被告人及辩护人的辩解意见，尤其是无罪的辩解意见。四是一边倒的社会舆论给审判带来压力。五是法院监督制约机制出现故障。赵作海案有这么多疑点，在省法院复核阶段合议庭合议笔录仅有 161 个字，连审委会也没上，充分说明主审法官一人说了算、审判权缺乏监督制约。六是个别法官职业操守缺失。

（案例来源：http://wenku.baidu.com/view/1bc2ef202f60ddccda38a092.html。引用时有删减。）

思考题

1. 从行政法治的角度分析，河南省高院对赵作海冤案成因的分析是否具有合理性？

2. 运用行政法学的相关知识结合本案例分析，如何避免类似冤假错案的再次发生？

分析提示

1. 从行政法治的角度分析，河南省高院对赵作海冤案成因的分析是否具有合理性？

在赵作海冤案的善后处理上，河南省高院以其诚挚态度和快速反应赢得了舆论的赞赏，又自揭"六大教训"，这六大教训有的指向法官个人素质，有的指向审判格局和机制，堪称宏观微观兼具，具有一定的合理性和可借鉴性。赵作海冤案并不是一个偶然的概率极小的事件，我们有必要对其发生的原因进行深入的剖析与总结。

从侦查层面上来看，该案件侦查环节没有落实好。一是警方确认无头、无四肢尸体为赵作海所杀后，没有追查凶器，也没有确定凶器所能造成的伤痕是否与尸体的伤痕相符。这些，不符合我国法律对杀人罪定性的要求。二是当时尸体高度腐败，警方先后做了四次 DNA 鉴定都未确定死者身份。所以警方把尸体确定为赵振响，有主观色彩。在证据的收集与审查都极其不规范的侦查背景下，赵作海依然被强行刑拘。

从制度层面上来看，首先我们看公检法三机关在办理刑事案件中的相互关系。我国诉讼法规定了公检法三机关互相配合、互相制约的原则，而在绝大多数的刑事案件的实际操作上，公检法是流水线作业的，配合有余、制约不足，在某些案件的处理上，公检法三机关联合办案司空见惯。在公检法"联合办案"机制下，很难避免类似冤案的发生。尽管我国的宪法和刑事诉讼法都规定司法机关依法独立行使职权，不受其他机关和个人的非法干涉，但在实际的案件处理中司法独立却很难实现。其次，政法委在案件办理过程中所起的"协调"作用不容忽视。商丘市政法委就该案召开研讨会，得出该案件具备起诉条件的结论。既然结论已经形成，接下来的起诉、判决显得"顺理成章"。

首先，从司法理念层面上来看，有罪推定的司法理念是罪魁祸首，刑讯逼供就是有罪推定的必然结果。世界上大多数国家都将无罪推定作为一条重要的法治原则规定于法律中。而在我国的现实情况是，有罪推定根深蒂固，想办法获取犯罪嫌疑人的口供去破案更是屡试不爽，以口供为中心，通过口供再寻找其他证据已成很多地方办案的不二法门，公安机关通过刑讯逼供、诱供、指供就能够成本很低地将案件"拿下"。其次再看看疑罪从有。很多国家在刑事诉讼中都确立了"疑罪从无"的原则，而案件中体现的却是疑罪从有，只是量刑从轻。由于证据不太过硬，赵作海以故意杀人定罪，却没有判处死刑立即执行。

经过以上分析，对河南省高院总结的一些教训，不乏令人困惑之处。比如特别把此案"充分说明主审法官一人说了算"作为第五条教训，就很费解。现行审判程序已经决定了，在刑事案件尤其是死刑案件中，不可能由主审法官"一人说了算"。"省法院复核阶段合议庭合议笔录仅有161个字，连审委会也没上"，这一点与其说充分说明主审法官一人说了算，倒不如说正好暴露了审判过程中的权力与责任极不清晰的尴尬。

法官对于由其审理的案件独立负责，这是近现代审判程序中的一项重要原则。如果反思赵作海案得出的教训是要进一步限制法官的独立裁判权，岂不是与司法改革的目标南辕北辙？其实，从很多司法实践中人们已经看得很清楚，重要的问题并非赋予法官的权力过大，而是法官的权力和责任往往很不明确。须知，独立负责既意味着权力的独立性，也意味着对于行使权力者的一种明确的个人责任追究机制。只有这二者结合，法官所拥有的独立裁判权才可能既廉洁又高效，而权力一旦与明确的个人责任分离，就有被滥用的现实危险。

河南高院总结的另外一些教训，确实是正确的。尤其是河南高院认为，本案中法院"过分倾向公诉机关的意见"，"背离了公检法相互制约的立法本义"，更堪称中国法治的点睛之笔。在公诉案件中，法院为什么总是"过分倾向公诉机关的意见"？这样一种司法格局，将给公众和社会带来什么样的影响？值得所有关注中国法治进程的人深思。众所周知，在公诉案件中，控方代表着国家权力，辩方是普通公民，这两者的力量本来是很不对等的，但所幸的是在现代权力格局中，司法机关的审判权能够对此给予矫正，可以依托其中立地位保障裁判的公正性。但如果司法机关如河南高院所说，"过分倾向公诉机关的意见"时，一种可怕的局面就铸定了：审判权与控诉权事实上已经合二为一。在这个时候，哪怕是冤屈似海如赵作海者，面对强大的国家权力，他所期盼的司法公正又怎么可能出现呢？

超越个案，把中国的法治推进一步，这是反思赵作海案真正值得去做的事情，否则道歉也好赔偿也好，也许仅仅只对赵作海个人有意义。

2. 运用行政管理及法学的相关知识，结合本案例试分析如何避免冤假错案的再次发生？

一是确立正确的司法理念。

确立"非法证据排除"规则。非法证据排除规则，简而言之就是说在刑事诉讼过程中不按法定程序取得的证据，一律不可作为对犯罪嫌疑人、被告人定罪的根据。在刑事诉讼中，犯罪嫌疑人、被告人是被国家专门机关所追诉的对象。尤其是在侦查阶段，公安机关不仅有可能限制或者完全剥夺犯罪嫌疑人的人身自由，而且还会对其进行专门的调查或采取相关的强制性措施，这些行为适用不当都有可能侵犯犯罪嫌疑人的合法权利。正因如此，立法有必要加强对犯罪嫌疑人的人权保障。而非法证据排除规则就是其中一项非常重要的保障措施。一方面，适用非法证据排除规则，使得那些非法取得的对犯罪嫌疑人、被告人不利的证据加以排除，降低和减轻了他们被非法定罪的风险；另一方面，非法证据排除规则否定了非法取证的行为，有效地遏制了侦查违法现象的发生，使犯罪嫌疑人、被告人的合法权益免受侵害，很大程度上降低了冤案发生的几率。

确立无罪推定原则。无罪推定，是指任何人在未经法院判决有罪之前，推定其是无罪的。无罪推定原则，是以保护被告人的合法权利为目的的。清代法学家沈家本参与制定的《大清刑事诉讼法草案》曾对无罪推定进行过最早的尝试，然而直到现在我国的刑事诉讼法不但没有将这一原则规定下来而且存在与无罪推定原则相悖的规定，比如要求嫌疑人"如实供述"，正如本案中公安机关认定了赵作海有罪并进行刑讯逼供。

确立"疑罪从无"原则。疑罪从无，是指在既不能证明被告人有罪又不能证明被告人无罪的情况下，判决被告人无罪。"疑罪从无"的司法原则不仅仅是解决疑难案件的原则，而更加是对公民人权的保障和尊重，是现代司法文明与进步的重要标志之一。

二是增强司法独立性。说起司法独立，人们往往认为它意味着法院依法独立审判，不受行政机关、社会团体和个人的干涉。这固然不错，但是司法的独立性还应当包括更多的内涵：①司法权由司法机关统一行使，不受行政机关和立法机关干预，公民个人或非国家机关的社会团体更不能干预；②司法系统内部相互独立，即一个司法机关的司法活动不受另一个司法机关的干预；③法院上下级关系只是审计关系，上级法院除依上诉等有关程序对下级法院的审判行为予以监督外，不得干预下级法院的审判；④法官独立审判，只服从法律，这是指一个法院内部不存在上下级服从关系；⑤法官保障制度，这是从社会地位、经济收入方面保障法官无所顾忌地捍卫法律，法官的地位及待遇来自法律，不是他的上级。

三是健全行政法治监督机制。这包括三个方面的内容：立法监督、行政监督和司法监督。立法监督是立法机关对行政机关依法行政状况所进行的监察与督促，行政监督是行政系统内部依法实施的自我监督，司法监督是人民检察院和人民法院通过司法手段和司法程序对国家行政机关及其工作人员的行政行为的监督与限制。我们应该充分发挥立法、司法、行政三者之间的监督与制约作用，建立起良好的行政法治监督机制，在案件处理中做到公、检、法三部门既相互配合又相互制约，保证我国法律的权威性，维护相对人的合法权益。

四是保障程序正义。程序正义即从侦查到审判的过程和程序的是合理和合法的。社会的公正，司法的公正都要以程序公正作为基石。应从完善程序法、提高办案人员素质、确保法官中立、加强司法监督等方面入手确保程序正义的实现。

总之，在当今法治社会，要避免冤假错案的发生就必须转变司法理念，确保司法独立，加强公检法三机关的相互监督与制约作用，在程序公正的情况下，充分保障公民的合法权利，避免冤假错案的发生。

（说明：本题无标准答案，以上观点仅供参考。）

【案例作业】

案例作业 7 –1

交警的处罚是否合理？

2008 年 8 月，一个星期天的晚上，赵某驾车前往某饭店参加大学同学毕业十周年聚会。同学们从各地赶到 S 市，多数同学毕业后再未谋面，分别十年后的相聚大家都很激动,畅叙各自生活经历与感受,兴致颇高。席间大家喝酒助兴,非常开心。晚 11 点左右,晚会结束,赵某在半梦半醒之间借着酒劲开着汽车模模糊糊往家赶。

交通警察王某和同事在路边进行专项检查,看到一辆轿车驶入禁行道,便将其拦住。司机赵某看到警察拦车就停车问什么事。王某说:"这是禁行路,前面有车辆禁行标志,没看见吗?"赵某说:"对不起,真没看见。"在对话中,王某闻到对方有酒味,便问赵某:"你喝酒了吗?"赵某回答道:"喝了点,不多,没事,再说你现在下班了,还管违章啊。"说完便想开车离开,王某将其拦住,要求赵某配合警察进行酒精测试。经交警用酒精测试仪测试,赵某的血液酒精含量为 50mg/100ml(国家标准:≥20mg/100ml 为饮酒;≥80mg/100ml 为醉酒)。交警认定赵某为酒后驾车,根据《道路交通安全法》相关规定做出如下处罚:暂扣一个月驾驶证,并处 200 元罚款。

面对交警的处理,赵某感到惭愧,同时又认为处罚太重,希望改为警告处罚,至多罚 100 元了结。但交警不同意,认为这是最轻的处罚。赵某不服处罚决定,向人民法院提起行政诉讼,请求变更行政处罚决定。

(案例来源:陈奇星、陈尤文主编,《公共管理案例分析》,上海人民出版社 2009 年版,第 213 - 214 页。引用时有删减。)

思考题

1. 交警周日晚的执法检查行为是否属于合法的"公务行为"?
2. 运用所学知识判断法院对赵某的诉讼会如何处理?

案例作业 7 - 2

动机良好,责令停止营业就合法吗?

个体工商户林某,经批准在某市 C 区滨江道(滨江道为市管道,清理占道的个体摊位应由某市市政管理部门和某市公安交通管理部门共同实施)旁摆摊经营烟酒、小食品及饮料,工商执照、占道许可证、税务登记证等证照齐全。公安机关发放的临时占用道路许可证期限为 2005 年 1 月 1 日至 2005 年 12 月 31 日。2005 年 10 月 8 日,C 区人民政府为加强社区精神文明建设、清理道路、整顿市场,林某摊位也属于清理对象,被要求撤摊换地经营。C

区人民政府通过治安综合治理办公室以书面方式责令林某停止营业、易地经营。林某不服 C 区人民政府的决定，于 2005 年 11 月 7 日向某市第一中级人民法院起诉，请求判决：（1）被告责令原告停止营业的决定违法；（2）被告恢复原告的合法经营权；（3）被告赔偿原告因停止营业造成的损失 1000 元，并承担诉讼费用。

原告诉称：原告系个体工商户，工商执照、占道许可证、税务登记证、卫生许可证齐全，经营地点为 C 区滨江道光明影院旁，属合法经营。被告在没有任何法定依据和履行正当程序下责令原告停止营业、易地经营，侵犯了原告合法经营权益，并使其蒙受较大的经济损失。一审中，原告放弃赔偿请求。

被告辩称：责令原告停止营业有法可依。根据《某市城市道路管理条例》第五章第二十八条第二款关于市和区、县人民政府应根据城市建设和发展的需要，有计划地清退占路市场、停车场等地，恢复道路设施功能的规定，我区政府曾多次研究滨江道摊位撤销问题，于 2005 年 9 月 15 日发布实施了《关于 C 区占路市场退路进厅工作实施方案》。按照规定，原告在清理范围之内。被告还称对原告先发通知后动员说服，在原告不撤摊的情况下，责令其停止营业。而且，被告曾明确告诉原告寻找可被审批经营地点，并为原告提供了新的经营场所。原告均不予接受，故此请求法院驳回原告全部诉讼请求，维护政府依法行政。

法院经审理后认为，林某的经营行为合法，撤销 C 区人民政府做出的决定。

（案例来源：http://www.doc88.com/p-648858701391.html。引用时有更改。）

思考题

1. C 区人民政府的行为存在哪些问题？
2. 运用所学知识试分析如何保证行政主体行政行为的合法性？

案例作业 7-3

由张晖事件看"钓鱼执法"

2009 年 9 月 8 日，白领张晖开车去上班，遇到一名自称"胃疼"的男子要求搭车，张晖处于同情同意其搭车，上车后男子两次主动提出要付费，均遭到张的拒绝。

　　当车停在转弯处时，男子突然伸手抢拔车钥匙，紧接着，七八个穿制服的男子把张晖从车上拖下来，并把张晖的驾驶证和行驶证搜走。对方自称是交通行政执法大队的执法人员，其中一人出示了证件，但遮住了证件上的名字。拘禁半小时后，对方扔给张晖一张《闵行区城市交通行政执法大队调查处理通知书》，扣押了车辆。9月14日，该执法大队对张晖做出了行政处罚决定。当天，张晖向其缴纳了1万元罚款，拿回被扣押一周的车。张晖说："闵行区城市建设和交通委员会交通科的一位工作人员告诉我，协管人员抓到一辆黑车会得到一份奖励，于是，他们雇人冒充犯病乘客，利用人的同情心，设套诬陷。我就是被他们害的。"

　　9月28日，张晖以该行政处罚决定"没有违法事实和法律依据，且程序违法"为由，向闵行区人民法院提起行政诉讼，要求撤销区交通执法大队做出的行政处罚决定。10月9日闵行区人民法院依法立案受理。闵行区政府也成立了由区建交委和区监察局组成的联合调查组进行调查。经调查组查明，该行政执法行为取证方式不正当，导致认定事实不清。闵行区建交委于10月26日责令区交通执法大队撤销2200902973号行政处罚决定，区交通执法大队随之做出撤销该行政处罚行为的决定。11月19日区人民法院开庭审理此案，法官当庭宣判：被告上海闵行区城市交通执法大队在2009年9月14日做出的第2200902973号行政处罚决定违法，50元人民币的诉讼费由被告承担。

　　这一"钓鱼执法"（又称执法圈套，是指当事人原本没有违法意图，在执法人员的引诱之下才从事了违法活动，并被处以行政处罚的一种行政执法行为，这种行为实际上是一种违法的行政行为）案件受到了社会的广泛关注，事发后，媒体曝光了一份《闵行区交通行政执法大队2007－2008年度创建文明单位工作总结》，其中说到打击黑车的成果：两年时间"查处非法营运车辆5000多辆""罚没款达到了5000多万元"。打击"黑车"原本是为了维护道路运输市场秩序，保障道路安全，保护乘客的合法权益，在这里俨然已经变了味道。

　　（案例来源：http://news.sina.com.cn/z/shdiaoyuzhifa/。引用时有删减。）

思考题

　　1. 结合案例从行政法治的角度试分析这一"钓鱼执法"案件出现的原因

是什么?

2. 行政机关应当如何避免"钓鱼执法"事件的再次重演?

案例作业 7 - 4

法规打架听谁的?

2002 年 6 月 13 日,S 省 J 市建筑安全生产监督站(以下简称安监站)收到一份行政处罚决定书,发出单位是 J 市市中区质量技术监督局(以下简称质监局)。处罚决定书中写道:安监站检测服务中心未经省质量技术监督局资格认可,其检验人员无资格证,从事特种设备也就是塔机的检验工作,其行为违反了国家质量技术监督局第 13 号令《特种设备质量监督与安全监察规定》,属于违法检查行为,并做出"停止违法检查的行为"和"罚款 1 万元"的行政处罚。

6 月 25 日,安监站向 J 市市中区法院提起行政诉讼,认为这一行政处罚违法,超越职权范围,请求依法撤销。8 月 13 日,法院对此案进行公开审理,但未做判决。

早在去年,质量技术监督局和安监站就不断出现执法之争。在建筑工地上,两家都对塔式起重机的安全进行执法检查和检测,常常是一家刚走,另一家又来。

安监站站长说,根据《建筑法》,建筑行政主管部门负责建筑安全生产的管理,而且 S 省人民政府令及 J 市人民政府令中都明确规定了安监站对塔式起重机的安全使用进行定期检验和监督检查的合法管理职权。安监站站长拿出国家建设部、质量技术监督局、工商行政管理局 1998 年联合发布的 164 号文件。他说,文件第四条明确了三部门的职能权限分工。

该文件规定:"各级建筑监督管理行政主管部门负责对施工现场安全防护用具及施工机械设备的使用实行监督管理。具体监督管理工作可以委托所属的建筑安全监督管理机构负责实施……质量技术监督机关负责查处生产和流通领域中安全防护用具及机械设备的质量违法行为。"

安监站站长说,根据这份文件,质监局应该进行源头管理,不应介入现场;如今质监局的行为是在任意扩大执法范围,打个比方"质监局的行为就像是不打击造假烟的,却去罚抽假烟的"。这样能行吗? 13 号令是个部门规章,它没权罚款。国家质量技术监督局凭什么拿着你的法到建设部来罚我?

J市市中区质监局锅炉、压力容器特种设备安全检查科科长L拿出的文件法规也是一摞。

他说:"1998年,国务院授权技术监督部门代替原来劳动部门制定特种设备的规章制度并组织实施。国家质量技术监督局接到这个工作之后,于2000年6月发布了《特种设备质量安全监察规定》,简称13号令。其中明确规定,技术监督部门统一负责全国特种设备的质量监督与安全检查工作;地方质量技术监督局负责本行政区内的特种设备的质量监督与安全检查工作。而建筑施工中用的塔式起重机当然属于特种设备中起重设备这一类。"

L反复强调:"我们从未否定安监站的管理权,对他的处罚是因为它不具备发证权。"他认为,安监站就是一个内部行业的安全处,代表行业进行内部管理,但不具备对塔机办理注册登记手续和发放人员操作证的权力。

8月13日,在法庭上,对于各自行政执法使用的法律、法规的合法性,双方各抒己见、针锋相对。辩论焦点集中在发证这一环节上。质监局认为,只有质量技术监督部门所发的证件才具有效力。安监站则认为,他们的发证行为是按照省、市建筑管理局有关规定,为保障安全而采取的必要措施,属于行业管理范畴,虽然对社会不产生效力,但是适用于建筑工地。

安监站站长说:"质监局不是来监督,而是来抢钱,是乱收费。"而L也算了一笔账:"J市一年有1500个工地,至少有1500个塔机;一个工地培训人员不少于10人,每人培训费200元,算下来仅人员培训费就有300万,再加上其他的费用,很可观。"

L说:"安监站不是政府部门,而是事业单位,他应该协助我们干好此事。"

N市第三建筑公司在J市搞工程建筑已经20多年了,从两家执法部门有了执法之争后,就多次遇到两家执法机构重复检查的现象。该公司安全生产科的一位同志说,今年他们公司在J市的一处工地开工后,请市安监站对塔式起重机进行了检测,领取了证件,但6月,质量技术监督部门又来检查。前不久在另外一处工地开工时,又遇到了同样的情况。面对两家执法机关先后就同一内容进行的检查,建筑企业不得不重复交费。

S省建工集团法律处副处长认为,目前两家都不具备行政处罚权,因为他们的处罚行为都没有国家法律的支撑或国务院的授权。

据悉,去年7月,J市市法制办曾召集开过协调会,最后无果而终。

(案例来源:金太军主编,《公共管理案例分析》,华东师范大学出版社2006年版,第144—146页。)

思考题

1. 案例中安监站与质监局的关系为什么会显得如此复杂？
2. 对于如何健全和完善行政立法规则，你有何见解？

第八章　行政监督

【理论概要】

本章主要探讨五个方面的问题：

一、基本概念及特点

行政监督有广义和狭义之分。广义的行政监督是指政党、立法机关、司法机关、社会组织、社会舆论和公民以及行政系统内部，依法对政府和行政人员的行政行为的合法性、公平性和有效性的监察和督促的行为。狭义的行政监督是指按行政系统的组织层级或专门监察机关，依法对行政系统自身的行政行为的合法性、公平性和有效性的监察和督促的行为。

行政监督的主要特点：①行政监督的实质在于对行政权力运用的限制和对行政管理机构与人员的督促。②行政监督的对象是行政管理机构和行政管理人员及其行政管理活动。③行政监督的主体具有广泛性，既包括行政机关内部的监督主体，也包括行政机关外部的监督主体。④行政监督是一种依法实行的法定行为。

二、行政监督的原则与作用

行政监督的原则：①行政监督机关依法行使职权，不受其他部门、社会团体和个人干涉的原则。②实事求是，重证据、重调查研究的原则。③在适用法律和行政纪律上人人平等的原则。④教育与惩处相结合的原则。⑤监督检查与改进工作相结合的原则。⑥监督工作依靠群众的原则。

行政监督的作用：①行政监督能有效地强化和改善公共行政，提高行政效能，促进行政机关廉政建设。②行政监督是健全社会主义法治，进一步保障公民、法人和其他组织合法权益的有效制度。③行政监督是改革、开放和经济建设顺利发展的重要保障。

三、行政监督方式

（一）合法性监督与合理性监督

合法性监督是指对行政管理机构所做出的行政决策、裁决、行为和制定的规章、制度、条例等进行是否合乎宪法与其他法律的监督。合理性监督则是对行政管理机构的行政行为，特别是具体行政行为的合理性进行监督。

（二）事前监督、事中监督与事后监督

事前监督是指在行政管理机构进行行政决策、开展行政行为之前进行监督。事中监督是指在行政管理机构决策与执行过程中所进行的监督。事后监督是指行政决策或者行为做出之后，相关监督主体进行的监督活动。

（三）长期监督与暂时监督

根据监督活动开展的持续时间不同，行政监督又分为长期监督和暂时监督两种。长期监督是由常设的行政监督主体对行政管理机构和人员进行的监督活动，上下级之间的日常监督和行政监察监督都属于长期监督。暂时监督是指为某一项特别行政事务、行政决策或者突发事件进行的监督和调查。

四、行政内部监督

（1）一般监督，是指上级行政机关根据行政隶属关系对下级行政机关的监督。

（2）行政监察，通过执法检查、受理公民的检举与控告、受理行政监察对象不服主管行政机关给予行政处分的申诉、调查处理违反行政纪律的行为等方式对行政监察对象的廉政状况与勤政状况进行经常性的、直接的监督检查。

（3）审计监督，指专门审计机关和其他受委托的人员，依法对有关国家机关、企事业单位的财政及经济活动进行审核检查，以判断其合法性、合理性、有效性的监督、评价和鉴证活动。

五、行政外部监督

（1）法制监督，是指有关国家机关对行政机关及其工作人员是否合法正确地行使职权所进行的监督与控制。

（2）国家权力机关的监督，即各级人民代表大会及县级以上人民代表大会常务委员会对行政机关及其工作人员的监督。

（3）国家司法机关的监督，由人民检察院和人民法院两个司法监督主体构成。人民检察院通过履行国家法律监督机关的职责实施对行政的监督；人民法院通过依法审判各种诉讼案件实施对行政的监督。

（4）社会监督，是指非执政党和非国家机关对行政活动的监督。社会监督是凭借国家宪法和法律赋予的权利，而不是凭借国家权力或政治权力。政协、各民主党派、各社会团体、新闻机构及其公民个人对行政管理的监督，构成了社会监督。

【示范案例】

☞ 示范案例 8 - 1

微博反腐为何这样"火"？

说到微博反腐，人们眼前自然浮现出不少贪官和色官的形象：安徽省利辛县国土局干部周文彬为了举报所在单位的领导，选择了"自首式举报"，在微博上直播了自首的过程，称自己与单位领导贪污行贿，此事迅速引起网友围观，亳州市纪委介入调查；浙江省衢州市开化县国土局副局长朱小红，因为妻子林菁在微博上举报嫖娼养情人而被免职，目前正在进行立案调查；江苏省溧阳市卫生局局长谢某，由于误将微博当做私密聊天工具，在微博上与一名女子大肆调情，已被停职检查并取消其党代会代表资格；云南、河南两地先后有官员因微博被曝"艳照门"丑闻，事后查明当事人分别为昆明市发改委工作人员成某及汝阳县人大常委会党组成员田某，前者因涉嫌聚众淫乱被"双开"并移送公安机关，后者还在调查……微博反腐，成为悬在贪官头上的又一根夺命绳。

因花费 16.1 万公款吃大闸蟹，浙江省桐乡市公证处主任沈某被停职审查，成了栽在微博上的又一位腐败官员。近年来，微博反腐日益火爆，已成惩贪利器。微博反腐的优点在于直观、迅速、简单，一番轰动之后，几天内便有初步结果，较其他举报程序方便许多，随着越来越多的人参与其中，确实收到了抑制腐败、强化监督的功效。但，微博只是工具，工具本身是没有价值判断能力的，最终要看使用它的人是谁。如果机制上存有弊端，工具再好，其效果也会打折扣，甚至可能起到反作用。

在微博技术诞生前，人类与腐败已斗争了几千年，积累了丰富的经验，在今天，我们都明白，只有把权力放在笼子里，让阳光真正照进来，才能从根本上遏制腐败。而微博的力量恰恰就体现在这里，它是一扇更透明的窗，将过去看不到的那些角落，完全曝光在众人面前。但，只要是窗户，就可能被挂上窗帘，如果权力不受约束，那么总有一天，它会将工具进步带来的成果吞噬殆尽。

微博成为反腐利器，因为它的架构空前开放，举报成本极低，举报者承担的责任相对较小，可它也存在着无序、混乱等问题，这就为谣言、诽谤提供了更多的传播机会。如果有朝一日，贪腐者主动利用微博来搅浑水，甚至四处出击，诬陷良善，那该怎么办？事实证明，众意是不确定的力量，它可能成为正能量，也可能成为负能量，所以，在享受到它阳光的一面时，我们不能忘掉它还有危险的一面。回到该案来看，令人费解的是，16.1万元不是笔小钱，一个县级市的公证处主任，为何能轻易拿到手？他年薪80多万元，一年公款开支礼品达60多万元，如此嚣张，为什么一直无人过问？为什么一定要等他在公众场合吃了螃蟹，才揭露出来？一层层管理失守，只等微博来把关。微博固然成了明星，但也可能掩盖了此前一系列的问题。

（案例来源：2011年11月6日，东方网，原文标题：评论：微博反腐是贪官头上夺命绳；2012年10月24日，北京晨报，原文标题：微博反腐为何这样"火"？引用时有删减和修改。）

思考题

1. 微博反腐为何如此"火"？
2. 请谈谈微博反腐的利与弊？
3. 如何更好地发挥微博反腐的作用？

分析提示

1. 微博反腐为何如此"火"？

作为一种全新的信息发布和传播方式，微博在网上日益成为信息表达和传播的重要通道，其极广的影响力和惊人传播力，也彰显了极大的社会影响力。当然，微博同样在反腐倡廉方面也启到了很大的作用，近两年来，也有不少官员相继在微博上"翻船"，也有不少官员的廉政廉洁在微博中获得崇高赞誉。微博已渐渐成为反腐倡廉的一把"利剑"，用的好，既可以击倒贪官，又可以保护清官。

微博反腐会如此之"火"主要源于：

其一，微博反腐方便人民群众对腐败现象的快时间曝光。微博的快速度传播，可以第一时间对某起事件和现象进行现场直播。2012年1月，新浪微博账号为"广州区伯"发布的一条内容为"公款吃喝还嚣张骂收银小姑娘"的微博，曝光现场的图片和视频，引起网友迅速围观。该公职人员私人聚餐后，要求开单位的发票，由于台头被服务员开错了，说"无法报销"骂服务员，导致旁人进行了微博直播。事件发生后，广东省纪委派驻广东省海洋与渔业局的纪检组做出了通报批评相关人员的处理。

其二，微博反腐可以较好地接受人民群众的全方位监督。微博的广泛运用，打破了以前传统的"监督机制"，已不是举举手、投投票就监督完了。现在不管是工作、生活，时时处处，无不可以让民众进行监督，一有违法腐败现象，都可以第一时间曝光出来。在海宁也出现过类似的情况，公车私用、窗口服务态度差、公务员办事不公等，也有被网友曝光到网上的现象，虽然转发不多影响不太，但充分地说明了我们的工作人员确实存在着一些问题。

其三，微博为反腐败举报者提供了一道防报复安全墙。以前好多举报者，想举报或揭露有些官员的贪污腐败现象，但又怕受到打击报复，这样通过微博的方式来举报，可以充分利用网友们的转发，与网友们达成共识，扩大影响力，形成一个共同举报的氛围，这样造成集体的舆论压力，迫使腐败者能"下马"。由于网络的虚拟性，网民不必担心遭到被举报者报复陷害，使得一些通过传统渠道很难发现的问题得以被发现，一些潜伏得很深的贪官污吏得以被揭露，一些已经被封口的真相大白于天下，微博反腐，使得民间反腐又找到了新载体和新舞台。

2. 请谈谈微博反腐的利与弊？

微博反腐的优势：其一，可以给予中国反腐这个"刀尖上的话题"予以正面引导。2011年9月15～17日，海宁市袁花镇红晓村部分村民因环境污染问题，通过微博、论坛等召集方式，连续三个晚上在浙江晶科能源公司门口聚集。事件发生后，又在微博上曝光现场处置情况，造成不明真相的网友转发关注，不良影响不断扩大。海宁市委市政府高度重视，及时在网上辟谣，给予网友正面的舆论引导，配合市委市政府较好较快地处置了这件群体性事件。其二，可以积极宣传我们的廉政干部和廉政文化。2012年6月1日，一张父亲骑车送女儿上学的照片在网上"疯传"，其主人就是芜湖市副市长詹云超，他骑自行车送女儿上学，这一幕被网友发现，上传微博，引发各个媒体和网友的全力赞扬。网友大呼：如果我们的公仆，都能这样以身作则那该多好！微博被转发数万次，各大网站报纸纷纷转发，浏览人员超千万人次，对我们廉政自律的党员干部良好形象进行了广泛宣传，同时也很好地对我们的廉政文化进行了宣传。其三，可以较快较直接的接受人民群众的监督和举报。近两年来，官员通过微博上反映的事实受到查处、在微博上"失足"被纪检部门处理，充分说明了微博在反腐倡廉中发挥的重要作用。

微博反腐的弊端：其一，微博在某种程度上成为反腐倡廉助推器，这是积极的，但微博问政也存在无序发展的问题，没有发挥好，也可能会成为谣言生成、扩散的源头。其二，微博反腐在制度层面缺乏明确有效的制度规范，司法机关在利用微博反腐的时候，还没有一个规范的反腐流程，如：收到任何关于反腐方面的举报线索，首先要核实它的真实性，初步判断它可能造成的社会影响，尤其是对涉及公共利益的问题，需要加大侦查力度，公检法官方微博及时将掌握的线索报给相关部门，从而将个人微博反腐上升为正常官方渠道的反腐。其三，在法律层面，缺乏相应的法律法规，无法从法律上对个人和政府微博进行规制，容易出现滥用微博打击报复的现象。

3. 如何更好发挥微博反腐的作用？

微博反腐是个新事物，应该做到科学运用，使之发挥作用：

首先，要正面看待微博反腐倡廉中的积极作用。随着信息时代的发展，官员应该正确认识网络，正确对待微博，充分利用好微博的优势。作为政府官员和一般干部，应加强网络学习，善用网络，积极利用网络微博与普通群众进行交流，把微博作为一把反腐利剑，发挥其在反腐倡廉建设中的积极作用，推进反腐工作，和谐社会环境。

其次，提倡建立政府单位微博和官员实名微博。官员开通实名微博，一方面可以密切人民群众的互动联系，另一方面又接受群众监督，及时了解人民群众的所想所求。一直以来，政府信息公开的力度不大，官员工作缺少有效的群众监督，培育了滋生腐败的土壤。官员实名注册微博，可以拉近其与群众的距离，让人民大众更加了解官员的个人工作情况并对其进行监督。这将大大减少腐败和误解的发生，对杜绝腐败和稳定社会有着积极的作用。在发生紧急情况时，相关人员还可以在微博上及时向大众透露相关工作的进展情况，及时有效地消除误解，可谓一举多得。

第三，主动接受监督，及时受理人民群众反映的热点问题。微博反腐作为最迅速最直接的原生态民意监督，对政府官员的决策、沟通、处置、公共治理能力，甚至自身形象都是一种挑战，在一定程度上将改良优化中国的政治生态，也是对执政政府的一次考验。微博作为传播信息的重要途径之一，政府应当高度重视，尤其重要部门，应当由专人负责官方微博，及时了解和关注微博信息及热点舆论，及时发现微博中曝光的问题并上报给相关领导，这样一方面可以最大限度地发挥微博传播信息的功能，既能拓宽贪污腐败案调查的案源和证据，又能最快地发现问题，进而解决问题；另一方面，又为人民大众提供了一个反映问题的信息渠道，让官民之间的交流更加通畅，反腐工作也将变得更有效率。

（说明：本题无标准答案，以上观点仅供参考。）

☞ **示范案例 8 - 2**

官员财产公示试点遇"零投诉零异议"

从"第一个吃螃蟹的"新疆阿勒泰市，到之后陆陆续续进行试点的浙江慈溪、湖南浏阳、宁夏银川、宁夏青铜峡等地，包括官员财产申报、公示在内的领导干部个人事项公示制度，虽然各地具体操作有较大差异，但结果却非常相似——没有结果。

两年前的 9 月 8 日，宁夏回族自治区青铜峡市委组织部官方网站的点击量突然猛增，这一天，该市拟提拔 6 名干部的个人相关事项被"晒"在了网络上——"市委常委会议参加常委 10 人，×××得同意票 10 票。其现有住房一套，位于康泰花园，无营业房。个人收入主要来源为工资性收入。"——随后一周，据称为"顺应老百姓的呼声"，青铜峡纪委又决定将房产收入、婚姻状况及生育情况等加入到这次"晒新官"的内容中。但时至今日，青铜峡市干部个人事项的公示内容在 2010 年的基础上却再也没有添加任何新的内容。记者致电青铜峡市委组织部副部长、新闻发言人陈雪松，他表示一年多时间以来，当地官员财产申报和公示的事项、方式均没有发生变化，因为"效果很好"。陈雪松解释"效果很好"说："一年多以来公示的所有拟任干部信息，没有接到一起举报或者异议，不论干部群体还是外界对于此举均没有不好的反响。"然后有专家认为，这一现象正是"效果不好"的表现，"说明现在所实行的公示方法有问题"。

实际上，青铜峡市并不是"第一个吃螃蟹的"。自 2009 年 1 月 1 日起，新疆维吾尔自治区阿勒泰市纪委前后把近千名官员的个人相关事项"晒"在了网上，而且这份单子比青铜峡市"晒"出的内容更"敏感"：在公示网站上，我们能看到阿勒泰市委书记王仕斌工资收入21036元/年，各类奖金津贴等24835元/年，以及各类理由收取的礼金：无。在公示领导干部个人相关事项的同时，这一政策的主要负责人和相关文件起草者，阿勒泰市纪委书记吴伟平还开始了他的"巡回演讲"，路线遍及六县一区。这一被吴伟平称为"纪委书记廉政讲堂"的演讲由他亲自上课，讲课内容包括"贪官警示录"、"政策介绍"、"国外经验"等。吴伟平坚定且全方位的廉政措施在阿勒泰掀起了一股"反贪旋风"。据称在那段时间，阿勒泰的官员甚至没有一个人敢当众抽中华烟的。吴自己亦称"目前为止相关政策在推行过程中没有遇到什么阻力"。但看似前景光明的反腐形势却在一年多后急转直下。2010年8月，吴伟平这位年仅51岁的"中国推行官员财产申报制度第一人"因病不治逝世。这项被他称为"没有阻力"的反腐政策也随着他的离世而停顿了。阿勒泰纪委去年年底接受记者采访时承认，"试点已经不再搞了"，具体情况未做回应。

公示官员个人相关事项的阻力不光来自于这些要被"晒"的领导干部。我国现行的相关法规是《关于领导干部报告个人有关事项的规定》，该规定于1997年下发，在此基础上进行了两次修改后于2010年印发，目前执行的就是2010年印发的这个规定。值得格外关注的是，在1997年及2006年的这两个版本中，都有"组织认为应当予以公开或本人要求予以公开的，可采取适当的方式在一定范围内公开"这一条款。但在2010年颁布实施的版本中，这一条却不见了踪影。对这条消失的条款，反腐学者、中央党校教授林喆认为是由于在各地开始的实践与摸索中，并没有找到一个统一有效的办法。

自2009年以来，新疆阿勒泰、浙江慈溪、湖南浏阳、宁夏银川等地已先后开展了官员个人相关事项的公开或公示。各试点地区的公开方法也不尽相同，最早试点的阿勒泰地区的财产申报项目详细，包括工资、奖金、补贴、礼金、大额动产、不动产购置、交易、租赁收入情况及资金来源等，但只选取其中的一部分在网上公示。而湖南浏阳市则将工资收入以及大宗财产通过报纸、广播电视、网站等媒体进行了更大范围的公示。与宁夏青铜峡市和新疆阿勒泰市做法不同，浙江省慈溪市和宁夏银川市则采取了在内部进行公示的方式。不同的公开方式，却走向了同一个结果———零投诉零异议。

（案例来源：2012年4月5日《钱江晚报》，原文标题：国内多地官员财产公示试点遇"零投诉零异议"。引用时有删减与修改。）

思考题

1. "零投诉零异议"说明了什么？意味着老百姓没有意见吗？
2. 官员财产申报公示试点为何"人走政息"、"昙花一现"？
3. 我国官员财产公示制度该不该推行？应该如何推行？

分析提示

1. "零投诉零异议"说明了什么？意味着老板百姓没有意见吗？

从本质来说，官员财产申报与公开，是在制度上解决"让人民监督政府"，乃至让人民监督政府官员的问题。按道理，官员财产公示遭遇"零投诉零异议"，说明被公示官员的情况经得起推敲，是件好事情。在某种意义上，"零投诉零异议"确实反映出部分官员的财产状况经受住了外部监督的检验。不过，在反腐败形势如此严峻的大背景下，"零投诉零异议"的表象依然需要深思，不能想当然地认为试点已经取得成功，更不能简单地将其理解为"零问题"。"零投诉零异议"的背后，也多少显示出民众的反应淡漠，政府与公民之间的良性互动不够。官员财产公开遭遇"零投诉"事件，可以视为试点行至中途的一个警醒，暴露出了存在着的一些问题。未来的试点，除了强化制度执行外，还需要实现政府和公民、社会的良性互动，确保各相关群体对于官员财产申报与公开制度有更充分全面的理解，不至于片面化和主观化。从长远来看，则要通过立法程序制定官员财产申报与公开等一系列具体的法律，确保公职人员的财产收入状况随时接受公众的监督。

2. 官员财产申报公示试点为何"人走政息"、"昙花一现"？

国内多地官员财产申报公示试点出现"人走政息"、"昙花一现"的现象原因是多方面的，主要有：其一，面临的阻力大。官员财产公示制度，会触动很多官员的既得利益。有些官员的灰色收入、黑色收入一旦曝光，不仅将被没收，官员还面临牢狱之灾，甚至被送上断头台。所以，我国推行这一制度的最大障碍，主要来自问题官员的抵触和反对。其二，缺乏法律支撑。制度设计不完善，是一些地方试水官员财产申报公示制度但效果不符合预期的原因之一。2009年2月，阿勒泰廉政网公示上千名官员的财产信息之后，引来两大争议。一是上千名官员在接受礼金栏都填写"零"；二是阿勒泰地区纪委将申报人购买汽车、住房等动产和不动产，购买股票、证券等理财产品以及个人银行存款等七项内容，列为秘密申报范畴，不予公开。仅靠一个县市区建立起完善的财产申报公示制度以及配套制度，难度太大，这也是基层探索的局限性。申报后的审查和责任追究以及金融实名制等，一个县市区是很难解决的。其三，缺乏相关的配套制度体系建设。官员财产申报公示制度还需要社会诚信体系、信息统计体系、实名制财政体系、预防资金外逃等制度和技术条件的支持。

3. 我国官员财产公示制度该不该推行？应该如何推行？

官员财产公示，既是民主政治的必然要求——人民有权了解掌握权力的"公仆"及其家庭的财产状况，以及时判断他是否存在以权谋私的嫌疑；又是监督和防范腐败的上等武器——透明的状态下，握有权力的官员，自然无法利用权力谋取额外的甚至非法的利益。因此，官员财产公示制度应该推行。那么我们应该如何推行，这里有如下几点建议：

其一，尽快启动官员财产申报公开制度立法。官员财产公示能够将权力置于阳光下，做到真正公开，需要的不仅是魄力与共识，还需要相关立法提供强大动力。因为权钱交易、以权谋私等腐败行径都是以手中强大的权力作为保护伞而进行的。只有以法治为基础，以立法为手段，以公众知情权为最终目标，才能达到官员财产公示制度的设想效果。而在具体的官员财产申报、统计上，则应最大程度地透明，公众能够参与进来，监督就会更有效果。

其二，完善社会诚信体系。现代社会诚信体系的建设，要把与诚信建设有关的社会文化、制度、工具等资源有机地整合起来，引导和规范社会成员的价值取向，共同促进社会诚信水平的提高，维护正常的社会秩序。官员财产公示制度的基础即是建立一个完备的社会诚信体系，没有一个财产公示的"生态圈"，财产公示制度很难能够茁壮成长。

其三，建立实名制的财政制度。使官员能够将自己的财产真正"晒"在广大人民群众的面前，让各级政府官员的财产时刻受到政府与人民的监督。人无信不立，国无信则衰，诚信是中华民族的优良品德，政府官员更应该在诚信方面成为人民的表率，起到示范带头作用。多种工具相结合，从外在制度到内在的修养，没有很好的工具进行连贯则很难使其统一起来，在这方面银行等金融服务部门应勇担重任，建立相关的工具、制度，为整个社会诚信体系的发展做出贡献。相信通过政府乃至全社会的努力，建立一个良好的社会诚信体系一定为使官员财产公示制度打下坚实基础。

其四，构建广泛的监督体系。没有监督就没有现代社会的发展。一个良好的监督制度，不仅使官员财产公示制度能够更好地执行，更能使全社会真正进入到一个从财产到权力都良性发展的和谐氛围中。我国过去的监督大多走了传统路线：上级检查和群众举报。传统的监督在渠道和形式方面过于单一，易被"表面工作"蒙混过关，易被"中间环节"私查私扣。在现代信息化社会，网络成为配合传统监督工作的一项利器，任何一个细微之处都难逃无数网民的观察，"表哥"陕西省安监总局局长杨达才、南京市江宁区房产局局长周久耕都是网络舆论监督的典型例子。将"网络战争"配合"人民战争"，将"线上"配合"线下"，多种形式相结合，同时将政府纪检部门的定期检察和群众的全面监督进行结合，将定期申报和大数额财产交易及时上报相结合。正是这把"尚方宝剑"，提高了政府公信力，检验了官员的廉洁公正，降低了个体、群体性事件发生概率，可谓一举多得。

其五，建立预防资金外逃制度。如果某个官员收受了贿赂，其必然需要将这部分钱物通过各种渠道转化为个人的"合法财产"，以掩人耳目，达到自身生活上的优厚，因此如何预防官员洗钱，也成为了一项重要而艰巨的任务。银行应时刻监督，对于官员个人账户上的大额资金转入转出都要有一个警醒的认识，从第一道防线就严密杜绝官员的资金外逃发生的可能性。纪检部门应定期审查，将官员在过去一段时间的财产情况进行调查，核实真实性，并建立预警机制和对于突发情况的应急机制。在国际上与他国进行合作交流，对于资金转入国，应提供可靠的证据，冻结其外逃财产。相信通过以上预防资金外逃制度的执行，保护国家、人民的财产安全，杜绝官员外逃情况的发生。

（说明：本题无标准答案，以上观点仅供参考。）

【案例作业】

案例作业 8-1

"一端一窝"的警示

近日，河南许昌东城区征地办、动迁中心60余名工作人员的腐败窝案曝光，引来广泛关注。一端一窝，虚造协议骗取拆迁补偿款、助人编造虚假拆迁补偿协议收受贿赂，许昌拆迁领域两个科级单位的团伙作案，让人发问：

他们的胆子何以如此大？干部之间的内部监督缘何失效？公民、舆论、法制等外部监督为什么没能及时介入？"一窝"腐败的曝光，再次凸显保持反腐高压态势的紧迫性和必要性。

湖南耒阳矿征办窝案、重庆校长集体贪腐案、广东棠溪村18名村官集体受贿……近年来，团伙腐败的案例不时见诸报端。2011年，社科院发布的《反腐倡廉蓝皮书》指出，腐败主体从个体向团伙化蔓延，窝案串案较严重，这成为贪腐发展的新走向。与个体腐败案相比，团伙腐败显然性质更恶劣、社会危害更严重，应当引起全社会的警惕。在许昌这起团伙腐败案中，不仅负责拆迁的官员之间，甚至官员与被拆迁的村民之间也达成罕见默契，衍生出集体贪腐的利益链。表面上看，人人得好处，仿佛利益最大化了；仔细推究，少部分人发了拆迁补偿财，公共利益却在无形中蒸发。这笔账，怎么算？

当每个人都放弃互相监督，集体贪腐便有了可乘之机。集体掩护、集体失声、集体串供，部门内部风险共担，成员之间拧成一股绳，如同蚂蚱一样被捆绑在一起。另一方面，外部监督形同虚设，也让利益共同体"内部安全"的心理机制被强化。以此案为例，如果拆迁过程中要拍照、录像的规定能执行，审计、监察的力量能加强，这一窝腐败，恐怕也难以发酵、成形了。

"团伙腐败"说明，腐败也是慢性病、传染病。当"公共利益部门化、集体利益个人化"，部门成员很容易形成利益共同体。这让一些本想保持干净的人担心在单位内部被逆向淘汰，被迫"打湿了鞋子"。正如当事人所说，"大家都这样做了，我不做会显得不合群"。而"一起捞过钱"，更能形成攻守同盟，扩大腐败范围，演出"一抓一串、一端一窝"的剧情。

防范腐败传染病、慢性病，不能仅依赖于官员的自觉、自律，更须从法律制度给以警醒：反腐利剑高悬，无论腐败个案还是窝案，"伸手必被捉"。完善管理制度，保证决策制定、落实执行、考核审计、监督反馈等行政程序的透明公开，用阳光照亮暗角。增加监督话语权，动员公众并创造可行形式让其参与到对权力运行的监督过程中，才能破除内部利益共同体。

"一切有权力的人都容易滥用权力。"启蒙思想家孟德斯鸠的论断时刻警醒我们，筑牢反腐的防线，必须堵住腐败利益源、斩断腐败利益链，让各项制度真正管得住人。

（案例来源：2012年12月19日《人民日报》，作者：李浩燃，原文标题："一端一窝"的警示。引用时有删减与修改。）

思考题

1. "一端一窝"的团伙腐败案件给我们怎样的警示？
2. 该案例说明我国的监督体系存在怎样的问题？
3. 如何防治团伙腐败案件的发生？

案例作业 8 - 2

会所莫成腐败温床

　　会所仿佛一个磁场，对一些官员的吸引和侵蚀是悄无声息的。它们或伫立在城市高楼之中，或隐匿于市井红墙绿瓦之间，或隐藏在青山绿水的乡村和波涛滚滚的海岛。低调和奢华，构成了与生俱来的神秘感和尊崇感，很容易成为一些官员心理上挥之不去的特殊情结。司法机关近年来查办的一些腐败案件表明，在这个富商、官员、社会名流交际生活的私密空间里，一些会所在满足这些特殊群体物质和精神需求的同时，更加容易衍生出损害公共利益、挑战社会正气的腐败行为。2010 年 8 月 9 日、10 日，温州媒体曾以整版或半版的篇幅连续刊登某东方高尔夫协会的成立广告。在广告中，有近 30 名温州在职领导干部，以名誉主席、名誉副主席、顾问等职务名列高尔夫协会之中。这份"史上最牛高官高尔夫名单"经媒体曝光后，引起舆论热议。2010 年 8 月 11 日，温州市委做出决定，严令 20 多名官员无条件退出高尔夫协会。"乱象纷呈的背后，折射出会所的奢华之风正在侵袭着一些官场。"专家指出，某些高档会所已经成为富商与官员交际生活的灰色空间，游走于法律规章的边缘。而由于法律上的空白、监管上的缺失、运行上的不透明，官员在会所的各种行为包括腐败行为通常被遮蔽。例如，国家食品药品监督管理局医疗器械司原司长郝和平装修房子和本田车的受贿总数是 46 万元，而郝和平受贿的 3 张高尔夫会员卡却超过了 50 万元，而这些会员卡，却登记在别人名下。

　　相对于传统的腐败形式，会所腐败表现更加多变、隐蔽，满足官员的消费体验与精神享乐。行贿人看似没有直接送钱和物，但通过安排豪宴、天价养生护理、高尔夫等诸多高端服务，实现权力与消费的交易。一些官员在接受会所服务后，也放松了警惕，"名正言顺"地与请客者称兄道弟，使贪腐行为有机可乘，一定程度上助长了腐败风气。如今大部分会所的高门槛，将社会大众拒之门外。有些官员手中掌握着公共权力，维系着公共利益，其在会所发生的腐败行为，将导致公共权力的出轨，最终致使公共利益受到损害。"相比于传统的腐败方式，会所腐败对官员的蚕食是悄无声息的。"有关人士分析说，会所腐败是在相对比较隐蔽的空间里发生的，而官员的丑恶行径一旦暴露或被揭发，必将严重损害政府的形象。

结合国内会所运行实际，目前，中国尚无规范会员制企业设立以及会员卡发行与交易行为的专门法律法规。监管不严导致现在各类会所存在多种乱象。有学者建议，工商、税务、公安等行政执法部门要加强对各类会所的监管，对会所经营中出现的商业贿赂等违法行为，要加大查处的力度。官员在会所的高额消费以及非法套现等行为，是导致国有资产流失的一个重要渠道。会所腐败，正成为国家工作人员腐败的一个新变种。由于一些所谓的会所、俱乐部具有娱乐性、私密性，有的官员悄悄地走进这些场所吃喝玩乐，滋生腐败，也是监督干部的盲区。

一些欧洲国家已对治理会所腐败采取行动。一些国家规定，严禁政府工作人员参加商人出钱组织的娱乐休闲活动。治理会所腐败现象，关键在于要管住官员 8 小时之外的生活。专家建议，国家在适当的时机有必要出台反腐败法，拓宽对腐败相关罪行的界定，将类似于会所腐败的隐蔽行为纳入反腐败的视野，并鼓励群众积极监督举报，使会所处于群众监督、组织监督和司法监控的视野之内。

（来源：2012 年 06 月 28 日《浙江日报》，原文标题：光鲜磁场背后藏污纳垢——会所，莫成腐败温床。引用时有删减与修改。）

思考题

1. 会所腐败是一种什么性质的腐败？它有哪些特点？
2. 从案例来看，会所腐败的危害是什么？
3. 如何防止会所成为腐败的温床？

案例作业 8−3

"裸官"问题的思考

"我勤奋为党工作几十年，没有功劳也有苦劳，我已经远走高飞，你们就不要再费劲找我了。"2006年，福建省工商行政管理局原局长周金伙得知福建省纪检部门要找其谈话，在一张纸上写了这段话之后，取道第三地飞往北美，与早已持有美国"绿卡"的妻女相聚。

2010年3月25日晚，中国移动四川公司数据部原总经理李向东突然飞离成都。事发当日下午，进驻四川移动的国家审计署工作小组曾经约李向东谈话。早在2004年，李向东的妻子姚红突然从四川电信集团实业有限公司副总经理的位置上离职，移居加拿大……

近年来，媒体报道的此类公职人员的名单有一长串：原国家电力公司总经理高严、陕西省政协原副主席庞家钰、河南省烟草专卖局原局长蒋基芳、贵州省交通厅原厅长卢万里、浙江省建设厅原副厅长杨秀珠、温州市鹿城区原区委书记杨湘洪……这些将配偶子女和资产都移民或转移到国（境）外的公职人员被公众称为"裸官"，少数"裸官"在担任公职期间贪污腐败，案发后逃亡国（境）外，他们中的大多数事前已经将配偶和子女移民海外、资产转移出境，即便本人受到惩处，其配偶和子女仍然能够享受其非法所得。

2012年2月20日，中国社会科学院发布《中国法治蓝皮书》，其中《"裸官"监管调研报告》（以下简称《报告》）指出，"裸官"是贪污腐败行为的高发人群，尽管早在1997年，中央就把"本人、子女与外国人通婚以及配偶、子女出国（境）定居的情况"作为领导干部应当报告的事项之一，近年来，对配偶子女均已移居国（境）外的公职人员的管理不断加强，但是，监管方式多是内部式，"裸官"治理已经成为反腐败的软肋。《报告》建议，所有处级以上公职人员配偶及子女获得外国国籍或者外国永久居留权的情况均应向社会公开，允许公众查阅。

（案例来源：2012年02月21日《中国青年报》，作者：王亦君、董伟，原文标题：让"裸官"监管更加阳光。引用时有删减与修改。）

思考题

1. 如何看待"裸官"现象？
2. "裸官"现象产生的原因是什么？
3. "裸官"现象存在哪些风险？有何应对策略？

案例作业 8－4

"我爸是李刚"在叫嚣什么?

2010 年 10 月 16 晚 21 时 40 分许，在河北大学新区超市前，一牌照为"冀 FWE420"的黑色轿车，将两名女生撞出数米远。被撞一陈姓女生于 17 日傍晚经抢救无效死亡，另一女生重伤，经紧急治疗后，方脱离生命危险，现已转院治疗。面对突发惨剧，肇事者竟能连车都不停，继续淡定地去宿舍楼接女友，他该拥有何等强悍的心理素质? 在被拦下之后，他高喊的那句"我爸是李刚"则诠释了他在犯下如此恶行后还能如此嚣张的缘由。

李刚是何许人也? 李刚是保定市北市区公安分局副局长，按照我国公职人员的行政级别来看，地市公安局分局的局长级别是正科级，分局局长如果挂名所在市辖区的副区长，那就是副县团级。以此类推，分局副局长李刚级别是副科级。然而即便是一个副科级的公安分局副局长，也足以被他儿子拿出来吓唬人。这是在暗示我们，一个副科级的干部，掌握了多少权力资源。有多少人民的"公仆"，利用掌握的公权力，做的是伤害民众而又免责的事?

法律面前人人平等。在法律面前，李一帆就是一个肇事者。但值得反思的是李一帆为何会拿"我爸是李刚"这句话充当挡箭牌。这一方面说明，这句话曾经很有效。作为公安局领导的公子哥，见识过"我爸是李刚"的威力，正因如此，才会玩起拼爹的把戏。另一方面说明了当事人在主观上认为肇事的事情自己的父亲能够通过金钱或者权力去摆平。正因如此，才会撞人了，却不管不问，肆无忌惮。而现实生活中，也确实存在通过权力或者金钱去干扰法律的事情。我们有理由相信，"李刚门"只是屡试不爽的公权滥用中的一次"失误"罢了。只要地方官员权力不受监督和制约，"我爸是 XX"仍将是某些公子哥们的通行证。

（案例来源：2010 年 10 月 19 日《新快报》，原文标题："官二代"校园撞死学生"亮爹"：我爸是李刚。引用时有删减与修改。）

思考题

1. "我爸是李刚"的背后隐含了什么?
2. 从行政监督视角来看，这个案例给了我们怎样的警示?

第九章　行政绩效

【理论概要】

本章主要探讨七个方面的问题：

一、行政绩效的基本概念

绩效，是指行为主体的工作和活动所取得的成就或产生的积极效果，又称"业绩"、"生产力"、"成果"等等。行政绩效就是指政府行政管理活动所取得的积极效果或公共服务所产出的有益效果。行政绩效与行政效率、行政效能、行政效益相比，体现出一种更系统、科学和全面的内涵和表现能力，能够更加"系统地表现公共管理领域中的成就和效果"。行政绩效不单单是一个经济范畴，它还具有伦理、政治和文化的意义。

二、行政绩效的主要维度

行政绩效主要包括经济绩效、政治绩效、文化绩效、社会绩效四个维度。

（1）政治绩效。政治绩效主要体现为政府政治产品的生产和供给，包括制度供给和政治动员力。具体表现为政府对行政法规、行政规章和公共政策的制度与贯彻；政府在国家管理各种体制建立、改革和完善过程中的组织和主导作用；政府对人民群众参政议政、参与国家管理和社会管理的组织和指导等。其中公共政策制定的准确度与可行度、人民群众对行政管理的参与度、社会发育的程度、各种管理体制运行的适应度等是衡量政府政治绩效的重要指标。

（2）经济绩效。坚持以经济建设为中心，大力发展生产力，加快经济结构调整，提升和优化产业结构，促进地区经济增长和繁荣，是我国政府重要的经济职能。经济绩效是评判政府实现经济职能的重要依据。在市场经济条件下，政府通过提供公共物品，管理公共事务，消除或减少市场失灵，解决外部效应，提供资源配置效率，促进经济的可持续发展。经济绩效主要体现为政府对国民经济的宏观调控的成效；政府对经济增长和稳定方面的导向作用；政府对市场运行及市场主体的规范；政府为经济发展提供的软、硬环境和服务。其中生产力布局、产业结构是否合理，包括财政收支、收入与分配、积累与消费、需求与供给在内的经济发展各种比例关系是否平衡；市场经济秩序是否良好等。其中各种经济指标的增长率、通货膨胀率、失业率等是衡量政府经济绩效的重要指标。

（3）文化绩效。增加教育投入，提高公民的素质，繁荣文化事业，促进科技进步，推动科技创新是政府的重要职能。政府文化绩效主要体现为政府在科学、文化、教育、体育、卫生等事业发展中的导向和推进作用；政府对精神文明建设的规划、指导和产生的效果；政府在高雅文化与大众文化的互补和渗透过程中的引导和促进作用等。其中政府对科学、文化、教育、体育、卫生等事业的投入产出率、普及率以及这些事业的发展程度、公民的道德水平、文化素质提高的程度、文化繁荣与整合的程度是衡量政府文化绩效的重要参数。主要评估指标包括：教育经费占国内生产总值比重、学龄儿童入学率、小学毕业生升学率、初中毕业生升学率、大专以上学历的占总人口比例、成人平均受教育年限、科技经费占国内生产总值比重、万人专利申请量、万人专利授权量和科技进步贡献率等。

（4）社会绩效。社会绩效是评判政府实现维护社会稳定职能的重要依据。打击犯罪，促进安全生产、抑制通货膨胀、创造更多的工作岗位、降低失业率、缩小贫富差距、维护社会的公正和公平、保证人们生命和财产安全等是政府的重要职能。主要体现为社会的稳定和发展，具体表现为政府对社会秩序的维护和整顿；政府对社会治安的综合治理；政府在社会保障体系的建立和完善过程中的指导、组织和推进作用；政府对社会中介组织的引导和扶持等。其中社会生活的安全系数与稳定系数、犯罪率、社会公平与正义的普及率、社会福利水平、贫困率等是衡量政府社会绩效的重要参数。

三、行政绩效的重要作用

（1）行政绩效是行政管理追求的目标，在行政管理中起着目标定位和导向作用。

（2）行政绩效是行政管理能力提升的标志。

（3）行政绩效是行政改革的动力和准绳。

四、行政绩效评估的概念

行政绩效评估是指采用一系列的措施、机制和技术，对公共行政组织提供公共服务的绩效进行测量、评定和控制的活动过程。

五、行政绩效评估的主要功能

（1）推进民主政府建设进程。
（2）强化政府的责任意识。
（3）推进政府管理制度和方法创新。
（4）提高政府管理的绩效水平。

六、行政绩效评估指标体系的构成

（一）政府业绩类指标

1. 国民经济指标：GDP 总量、人均 GDP 增长率；第三产业增加值占 GDP 比重、第三产业从业人员占社会劳动总人口比重；经济集约化指数、全社会劳动生产率；利用外资增长率；宏观经济调控效益指标、通货膨胀率；市场监管完善程度；就业率、失业率。

2. 人民生活指标类：人均收入、人均可支配收入增长率、恩格尔系数；基尼系数；社会保障实施情况。

3. 公共事业指标类：教育事业费用占 GDP 比重；每百人在校学生拥有专任教师数；大学毛入学率；R&D 经费占 GDP 的比重；专利申请量；人均公共图书馆藏书量；广播人口覆盖率、电视人口覆盖率；卫生事业发展；基础设施事业发展指标；体育事业发展指标。

4. 生态环境指标类：固体废弃物综合利用率；废气处理率；工业废水排放达标率；森林覆盖率；刑事案件发案率、破案率、公共安全指数；城乡居民收入比。

（二）政府成本指标

1. 内部管理成本指标。内部管理成本指标包括：国家机关在岗职工年工资总额占地方财政支出的比重；行政管理费用占地方财政支出比重。

2. 外部决策成本指标。外部决策成本包括：公共事业管理公共财政支出；特定公共项目投资。

3. 隐性额外成本。在对政府及其官员的绩效进行评估时，必须考虑实施成本，特别是当涉及"政绩工程"的时候，更应该通过审计等方式对成本进行核算。

（三）政府内部管理流程指标

1. 人力资源状况指标。人力资源状况指标包括：行政人员本科以上学历者所占比例；领导班子团队建设；人力资源开发战略规划等。

2. 政府廉洁指数。政府廉洁指数指标包括：腐败案件涉案人数占行政人员比率；机关工作作风；公众满意度等。

3. 行政效率指标。行政效率指标包括：行政人员占总人口的比重；信息管理水平等。

4. 公众满意度指数。政府工作的好坏与绩效的高低，人民最有发言权。在我国的政治生活中，可以找到一些测评公众满意度的评议，设计一套科学的、合理的调查问卷或者评分表，由普通公众直接给政府的工作打分。

（四）政府学习与发展指标

1. 公务员的系统培训次数。

2. 政府共同愿景的明确程度。所谓"共同愿景"，是指能鼓舞组织成员共同努力的愿望和远景。其主要包括三个要素：共同的目标、价值观和使命感。

3. 政府知识管理程度与水平、政府整合相关信息和知识的能力。政府学习与发展就是要提高政府知识管理程度与水平，也就必须整合这些专业知识，建立政府内部畅通的信息传递和知识分享渠道。

七、行政绩效的改善

（一）行政绩效的现状

1. 政府管理容易出现"帕金森定律"所描述的情景，即无论政府工作增加与否，政府机构和人数总是按同一速度增加。

2. 政府职能定位模糊，职能错位、越位与缺位现象并存。

3. 行政审批程序众多、办事手续繁琐。

4. 政府部门之间推诿扯皮、相互掣肘。

（二）行政绩效的制约因素

1. 影响行政绩效的体制外因素：①社会生产力的发展水平；②行政环境因素的影响；③传统行政文化的影响。

2. 影响行政绩效的体制内因素：①行政管理体制；②政府运行机制；③行政人员素质；④行政技术与方法。

（三）改善行政绩效的策略

1. 树立科学的政绩观念。①处理好行政绩效数量与价值的关系；②处理好政府短期绩效与长远绩效的关系；③处理好政府局部绩效与全局绩效的关系。

2. 深化行政管理体制改革。①合理划分权限，明确各自职责；②按精简、统一、效能原则，合理设置行政机构；③建立政府工作岗位责任制。④转变政府职能，精简机构。

3. 建立行政绩效评估制度。①在行政绩效评估体制方面，应建立多重评估体制，包括政府机关的自我评估、上级评估、外部专家评估及社会公众的评估，逐步实现官方评估与民间评估并重，形成人民监督和上级监督相结合的绩效评估机制；②要加强立法支持，通过制度化的手段确立评估的地位和权威；③确立科学、系统、全面的绩效评估标准；④要实现绩效评估的制度化、法制化。

4. 建设一支高素质、专业化的干部队伍。①提高公务员干部的综合素质；②提高一般行政工作人员的素质。

5. 实现政府管理技术的现代化。①通过实施电子政务，简化行政运作环节和程序，降低行政运作成本，实现政务边际成本递减；②电子政务可以进一步提高政府工作的透明度，便于公众对政府工作的监督；③实施电子政务有利于整合政务信息资源，推动政府信息资源对社会的开放，发挥其巨大的社会效益和经济效益。

【示范案例】

示范案例 9－1

考绩制与政府机关工作作风的转变

辽宁省某市建材局和纺织局的局长工作不力的情况被刊登在 2010 年某市的《政绩考核》通报上，两名局长接到通报后，立即带领机关工作人员，赴亏损企业蹲点，帮助解决实际问题。这是某市的政绩考核制促使领导干部转变作风，克服官僚主义的一例。

某市政府成立了由市长任组长的政绩考核领导小组，并设立了考核办公室，有组织、有领导地考察政府各直属机关落实目标责任制，执行市政府中心任务的情况，以及各机关领导干部的工作实绩。市里还组织 67 个委、办、局的办公室主任，74 名新闻记者和 80 名市长联络员构成的考核网络，以便随时传递信息，沟通情况。

政绩考核的方法是从上看下，从下看上，进行横向对比。

从上看下。市考核定期和不定期地派出人员，到省属各部门，了解市里对口部门的工作在省内同行业中的优劣。

从下看上。通过考察各部门所属基层单位的工作情况，看各部门的真实情况。

进行横向对比。在考核一个部门时，注意了解这个部门的工作在市各直属部门中的优劣情况，同时也了解其他部门对这个部门的反映和意见。

考核办公室建立了考核档案，并且通过考核简报，及时向各单位通报考核情况，重要情况还及时向市长写出专题报告。

某市政绩考核制度建立近四个月来，取得了显著效果：

干部增加了压力，也增强了责任感。过去，机关工作大都没有检查，哪个部门及其领导干部成绩的好坏，无人过问，没有比较。现在，考核人员经常活动在各部门，各部门的政绩及时在简报上反映了出来，好坏分明，优劣自见。这就在个部门之间形成一种争先恐后、你追我赶的局面。

令行禁止，提高了办事效率。如：某市城区居民一度养狗成风。前几年，市里多次下达文件，张贴布告，并且开会布置，要求灭犬，但是禁而不止，狂犬伤人事件屡屡发生。实行考绩制后，市长办公室把灭犬任务交给了市公安局，经考核办公室督促，公安局干警齐出动，在群众配合下，仅用半个月时间，就使城区的狗绝踪。某市在四个月中曾发生多起杀人大案，由于公安局主动出击，积极办案，这些案件均被很快侦破。

转变了机关作风，干部的主动性和创造性充分发挥了出来。前不久，市政府决定加快改革步伐，在全市工商企业中大面积推行租赁经营。政绩考核办公室把支持租赁经营作为考核市里各有关部门的重要内容之一。这些部门闻风而动，在两个月的时间里，不仅制定出有关租赁法规，而且先后有 28 名局级领导和 99 名科级干部深入各租赁企业，帮助解决实际问题。到五月底，市属工商企业中已有 83%、计 157 家企业实行了租赁制。

克服了推诿扯皮现象，促进了部门之间的团结协作。某市盲聋哑学校校舍失修严重。市民政局和教育局多年来在学校的归属问题上推来推去，使这所学校一直没人管。考核办公室在考核中了解到这一情况后，向市长作了汇报。在市长召集的现场办公会议上，各有关部门态度都变为主动，民政局和财政局承担了建校经费，教育局表示将负责学校的管理，城建规划、设计、物资、电业等部门也都积极为校舍翻建承担义务，使这一久拖未决的老大难问题迅速得到解决。

市长感慨地说，建立政绩考核制度，使市政府领导同志做到了耳聪目明，能够及时全面地把握各部门的工作，迅速准确地做出决策。政绩考核确实是一剂医治官僚主义的良药。

（案例来源：http://blog. sina. com. cn/s/blog_70da1ef50100rsp9. html。引用时有更改。）

思考题

1. 运用所学知识谈谈行政机关如何切实提高行政绩效？
2. 你从这个案例中可以得到什么启示？

分析提示

1. 运用所学知识谈谈行政机关如何切实提高行政绩效？

提高行政绩效是一项长期艰巨的行政任务。可以主要从以下几个方面入手：

第一，树立科学的政绩观念。思想观念对人的行为有着重要的指导作用。作为领导人员和基层工作人员，只有树立了正确的政绩观与效率观念，才能在日常的行政工作过程中把效率问题提到议事日程上来，才有可能采取切实有效的措施来提高行政效率。树立科学的政绩观关键是要科学地处理好行政绩效数量与价值、短期与长远、局部与全局的关系。当然，我们要充分认识到我国目前行政效率低下这一事实、分析其表现、探究其原因，树立现代的效率观念，采取有针对性的措施，以实现行政绩效的提高。

第二，深化行政管理体制改革。①合理划分权限，明确各自职责。这就要求处理好中央与地方、上下级政府、政府的各部门之间的关系，明确各自的职责与权限，改变权力过分集中的状况，充分发挥基层和地方的积极性。②按精简、统一、效能原则，合理设置行政机构。根据机构组织法规，科学地设置行政机构，撤销多余的机构，合并重叠的机构，减少政府管理层次，精简人员。③建立政府工作岗位责任制。政府机关根据自身工作的特点建立实行各种形式的责任制，界定各部门的工作范围，明确规定每个行政人员的工作数量、工作质量和完成某项工作的时限要求，使得公务人员职权明确，权责统一，这样有利于发挥政府公务人员的工作主动性和积极性。④转变政府职能，精简机构。根据政企、政资、政事、政社分开的原则，充分发挥市场、事业单位、社会在公共行政管理中的作用，政府要明确自己的权力边界，减轻财政负担，降低行政成本，提高效能。

第三，建立行政绩效评估制度。①在行政绩效评估体制方面，应建立多重评估体制，包括政府机关的自我评估、上级评估、外部专家评估及社会公众的评估，逐步实现官方评估与民间评估并重，形成人民监督和上级监督相结合的绩效评估机制；②要加强立法支持，通过制度化的手段确立评估的地位和权威；③确立科学、系统、全面的绩效评估标准；④要实现绩效评估的制度化、法制化。

第四，建设一支高素质、专业化的干部队伍。①提高公务员干部的综合素质。公务员要有现代化的管理观念，熟悉现代行政管理的规律，善于协调与处理人与人之间的关系或单位与单位之间的关系；要善于知人用人，调动下属的工作积极性；要善于以身作则，惜时守时，讲求效率，影响和带动整个机关。②提高一般行政工作人员的素质。主要途径是加强教育与培训；加强思想政治教育和职业道德教育，树立为人民服务的思想和忠于职守的道德标准；加强行政工作人员业务知识和专门技能的训练；合理使用人才，把具有不同能力结构的人放在与之适合的岗位上，做到人尽其才和扬长避短。

第五，实现管理技术的现代化。行政方法和管理工具是提高行政绩效的技术保证。行政管理工作是一种综合性的复杂的社会活动，涉及范围广，作用因素多，必须借助一定的技术手段才能完成。尤其在现代社会中，政治、经济过程运转节奏加快，信息量激增，行政管理单靠经验和传统的文书、通讯技术已越来越不适应形势的要求。因此，必须积极推进政府工作的信息化。大力发展电子政务，已经成为国民经济和社会信息化建设的一个十分紧迫的任务。推进我国的电子政务建设，必须做到：①以发展电子政务为契机，以政府机构改革为中心，优化工作流程，对传统的工作模式、工作方法、工作手段进行革新。②国家要制定宏观的发展规划，建立相应的领导机构，加强对电子政务的研究、规划和组织协调，要借鉴国外先进经验，制定可行的阶段性目标，打破全国"一盘棋"，避免盲目建设。③必须尽快完善电子政务的相关立法，要从有利于信息技术发展和电子政务开展的角度，来解决电子政务发展中亟待解决的问题。④加强对公务员网络应用知识的培训，必须强化对公务员的培训，以更新知识、提高素质，适应网络社会发展的需要和网络环境下工作的要求。

本案例中某市主要运用建立政绩考核制度这一绩效评估方法，有力地调动了干部的积极性，强化了责任感，转变了官僚主义作风，克服了推诿扯皮现象，推动了机关绩效的提高。同时，设立了多方位立体的监督体制，由市政领导带头，由新闻记者、市长联络员组成监督团体，进行实时监督。及时张贴出各个部门的任务完成状况以及进度情况，让大家了解行政进程以及行政结果。形成部门间的良性竞争，有效地激发了领导干部以及工作人员的工作热情，促使其发挥主观能动性，及时地发现问题并想方设法解决问题。

综上所述，提高行政绩效的根本途径在于不断更新管理观念，积极推行政治体制改革，建立职责分明、机构精简、领导有力、运转协调的行政管理体制；同时，必须加大法制建设的步伐，建立健全法律机制，为其提供强有力的法律保障。大胆地进行制度创新，建立健全行政绩效评估制度，推进行政管理技术创新和建设一支高素质、专业化的干部队伍。

2. 从这个案例中可以得到什么启示？

某市政府为了促使机关领导转变作风，克服官僚主义，最终提高行政绩效，成立了专门的政绩考核机构，考察各机关落实目标责任制，执行市政府中心任务的情况，制定了具体的考核方法，并以简报的形式将考核结果予以通报，这种简报的形式既是对绩效高的部门的奖励，又是对绩效较低者的督促。将考核纳入日常管理上来，推动各部门效率的提高，刺激其主观能动性的发挥，形成长效竞争机制，使各部门间有了一种竞争意识，形成你追我赶的势头。与此同时，市里的领导带头组织各办公室主任、新闻媒体记者和市长联络员等形成监督网络，对其考核评定进行公正的监督，以此形成良好的风气，而不是盲目地追求效率不顾实际效益与作用。这些措施最终起到了显著的效果，提高了领导决策的效率，提高了机关对于各类事项的反应速度，并医治了官僚制。

实践证明，建立和健全工作目标责任制、政绩考核制和奖惩制，是提高行政绩效的有效手段与制度保证。建立目标责任制，首先要把责任落实到部门、单位和个人，并确定完成的质量要求和时限；其次要责权统一，给予责任人相应的权力；最后，只有将责任制和严格的政绩考核制结合起来，才能充分调动行政人员的积极性、主动性、创造性，从而提高行政绩效。

（说明：本题无标准答案，以上观点仅供参考。）

☞ 示范案例 9 - 2

幸福江阴综合评价指标体系

2005 年，江阴市在江苏省率先实现全面小康达标后，开始思考更深层次的问题："经济发展为什么？区域领先争什么？小康达标后干什么？"他们得出的结论是：经济发展的最终目的是增进人民幸福。在这个思想指导下，他们提出了建设"幸福江阴"的口号，确定了"五民五好"（即以民生为本，力求个个都有好工作；以民富为纲，力求家家都有好收入；以民享为先，力求处处都有好环境；以民安为基，力求天天都有好心情；以民强为重，力求人人都有好身体。）的努力目标，并通过对"五好"的目标进行分解、细化和量化，制定出"幸福江阴综合评价指标体系"，以此作为衡量和引导地区发展、考核政府绩效的重要依据和手段。

"幸福江阴综合评价指标体系"设计了客观评价指标和主观评价指标这两个部分。两个系列的指标总体上有机统一，操作上相对独立。客观评价指标是围绕江阴提出的"五民五好"目标，设定了 5 个子系统，共 26 个一级指标，17 个二级指标。主观评价指标重点设定了 5 个方面的指标，下设若干个二级指标。客观指标涵盖了政府的社会保险、文化教育、环境保护、公共交通、医疗卫生等各个方面，以及市场经济在提供就业、消费、产业等方面的内容。客观指标占 60% 权重，是以江阴所确定的五年总目标为依据，由统计部门会同工作推进部门测算当年度完成情况，计算出客观评价指标综合指数。主观指标部分占 40% 的权重，主要包括了工作满意度、收入满意度、环境满意度、心情愉快度、身体状况指数五个维度，通过对指标的具体化，考查民众的主观幸福感，并设置了开放性的题目，由民众自由地选择自己所关心的问题，并为幸福江阴的建设做出自己的评价。

江阴市始终坚持把人民群众作为指标体系制订、修改和评价的主体。在指标体系设计之初，江阴市就开展了有 18 万多人参与的"幸福指标大家选"活动，从 50 个备选指标中评出了 10 项最关注的"幸福指标"，构成指标体系的核心。在指标体系修订过程中，通过"12345"公共呼叫平台、"幸福指标万人大调查"活动等，充分征求百姓意见，仅《建设幸福江阴行动纲要（2007—2010）》就 12 易其稿。在考核评价时，除主观评价指标由群众参与评定外，还通过民主测评、民意调查等确定基层政府考核等次，真正做到"让民众给政府出题"、"让民众给政府打分"。

2006 年，幸福江阴综合指标体系中增加了两项体育类指标；2008 年，增加"个人文明素质"、"个人经济地位"、"个人社会地位"3 项评价指标；2009 年，民意调查表列出了城镇生活污水处理率、城乡公共服务支出占财政支出比重等 20 项反映经济社会发展的客观量化指标和反映老百姓对"幸福"感知和认同程度的直观指标供市民选择。政府每年都会根据江阴市实际变化，针对社会出现的新问题做新的"民意调查表"。

为保证幸福江阴综合评价的科学性、客观性和公正性，从 2008 年起，江阴市委托第三方测评机构——中郡县域经济研究所对年度幸福江阴建设状况进行综合评价。2010 年，委托零点研究咨询集团对 2008—2010 年度指标体系执行情况及幸福江阴建设进行整体评估。通过测评的"去行政化"，更科学、更客观地反映江阴百姓的幸福江阴建设的切身感知，并在此基础上，深入研究全体市民对深化幸福江阴建设及政府公共服务的需求和期望。

（案例来源：http://www.chinacity.org.cn/cstj/zgcsjj/80336.html。引用时有更改。）

思考题

1. 结合案例分析，"幸福江阴综合评价指标体系"有何特点？
2. 结合所学知识试分析，当前评价指标体系普遍存在的问题及"幸福江阴综合评价指标体系"给我们的深层启示。

分析提示

1. 结合案例试分析，"幸福江阴综合评价指标体系"有何特点？

（1）客观评价和主观评价结合，注重百姓主观满意度评价。"幸福江阴综合评价指标体系"由客观评价指标和主管评价指标两部分组成，之所以加入主观评价指标，并非由于像通常的指标体系那样因为技术原因难以确定客观量化指标，而是由于该指标体系以评价幸福度为目的。这样，就必然使该指标体系有别于其他指标评价体系，尤其重视民众的主观感受评价。也是由于同样原因，该指标体系中主观评价指数所占权重达到 40% 之多。

（2）充分发挥人民群众的主体作用。绩效测评的指标体系通常是由政府和专家制定的，这是由制定指标评价体系的目的及其专业性特点所决定的。但是"幸福江阴综合评价指标体系"在设计之初就突破了这个惯例，让群众充分参与指标体系的设计。在考核评价时，除主观评价指标由群众参与评定外，还通过民主测评、民意调查等确定基层政府考核等次，真正做到"百姓出题目、政府来答卷、人民来评判"。

（3）把制定指标体系当做动态的过程。一般的指标体系总是在设计时力求完美，一旦完成并实施便很少进行修订。但是，江阴市政府每年都会根据江阴市的实际变化，根据人民群众新的利益诉求，对指标体系进行合理修改，制定新的"民意调查表"。这一措施，体现了江阴市政府以发展的眼光看待问题，以动态的思维思考和解决问题的管理理念和权力观。

（4）委托"第三方"测评，确保测评结果的科学性、客观性和公正性。由于政府自己承担测评工作很难避免测评结果受人为因素影响，且由于地方的评估人员受专业水平所限难以确保评估结果的科学性，因此近两年，江阴市委托第三方测评机构进行评估，通过测评的"去行政化"，确保了测评结果的科学性、客观性和公正性。

2. 结合所学知识试分析，当前评价指标体系普遍存在的问题及"幸福江阴综合评价指标体系"给我们的深层启示？

由于种种原因，目前各地制定和实施的各类评价指标体系普遍存在着诸多缺陷，例如：

（1）具体指标的内容、标准、权重制定得不合理。造成这种情况的原因很多，有指标体系制定者技术能力不足的因素，但其他因素更多，比如是否对制定者有利往往成为指标取舍、标准高低、权重大小的重要原因。某些方面（例如教育水平）基础条件好的地区，往往倾向于把这类指标的绝对值作为考评标准，并提高权重。而比较落后的地区，则往往把绝对值（比如增长速度）作为考评标准，并提高权重。

（2）指标项目庞杂，往往包含不同依据，缺乏内在逻辑。有些指标来自于政府规划，有些指标来自部门职能分工，有些指标来自领导的意见，有些指标又是为了突出地方特色，等等。指标选择的随意性使得指标体系失去评估的科学性。

（3）指标项目过多。因为很多指标体系是根据考核指标制定的，所以列出的评价指标项目过多。这样就造成了评估成本过大，繁琐的评估工作往往又会导致敷衍了事和弄虚作假。而且更大的问题是指标过多会相互冲突，加上权重不合理，导致最终得出的指数失去可信性。

（4）数据不真实。数据获取机制不完善，统计方法不科学，对数据造假也缺少监督，都降低了数据的真实性。

（5）评价主体是政府自己，民众和社会参与度低。由于指标体系大多是政府出资立项、政府主导制定、政府实施评估，所以即使邀请专家参与制定和评估，专家的作用也非常有限，更不要说普通民众更是很少参与其中，最终难免变成政府自己"既划船又掌舵"。

"幸福江阴综合评价指标体系"给我们的深层启示：

（1）问绩于民——从政府专家评估到公众评估。评估工作一般是由政府专业人员或聘请社会专业机构进行，评估内容主要是比较明确的、易于量化的客观指标，而"幸福江阴综合评价指标体系"通过设置主观评价指标的方式，使民众回归到政府工作的评估主体的地位。同时，评估主体从政府或专家转向公众这一变化还为克服当前评价指标体系存在的诸多弊端提供了可能。我们已经谈到，当前的评价指标体系往往存在只考评政府做什么，不考核其效果如何；指标体系从设计到实施往往消耗巨大的人力、物力和时间，成本过高；数据的真实性也存在问题；特别是民众对名目繁多的各类评估活动很少关心和了解。而一旦公众成为评价主体，上述这些缺陷和困境就可望从根本上得到改善。

（2）问需于民——从公众参与评估到公众给政府出题。前面已经提到，"幸福江阴综合评价指标体系"制定过程中也发生了指标制定主体的变化，由政府和专家转向了人民群众。"幸福江阴综合评价指标体系"在一开始设计具体指标的时候，首先通过各种方式广泛听取基层群众意见，专家将这些意见总结成50个备选的评价指标，制作了15万张选票发放给市民，让市民从中选出10项百姓最关注的"幸福指标"最终被用到评价指标体系中。通过这种方式，实现了评价指标体系设计主体的变化。同时，公众成为指标体系制定主体也为克服当前评价指标存在的弊端提供了可能。如前所述，现行各类指标体系存在着指标项目过多过杂，内容、标准和权重不合理，随意性大等问题。而造成这些问题的深层原因，既有政府方面的因素，也有专家在指标体系制定方面存在的理论和方法上的欠缺。而一旦公众成为指标体系的制定主体，就有可能有效地避免陷入上述困境。

（3）取信于民——从公众给政府出题到政府向公众施政承诺。"让民众给政府出题"、"让民众给政府打分"，尽管"幸福江阴综合评价指标体系"的这两项创新举措还只是限于一定程度上和一定范围内，但这个创新的方向颇具意义。因为政府能够主动让民众来决定——虽然只是部分决定——政府绩效考评的内容，政府去执行和落实，然后政府让民众来评价——虽然现在还是部分地由民众评价——政府的执行情况，这个过程实际上包含了政府对公众的公开承诺，承认公众的监督权利，以及政府接受公众问责等基本要素。在我国，政府或领导者一般不是由普选产生的，因此候选人一般并不公开对选民做施政承诺，这在一定程度上制约着我国责任政府的建设。在这种情况下，江阴市在制定和实施"幸福江阴综合评价指标体系"过程中采取的"让民众给政府出题"、"让民众给政府打分"的做法，为我们提供了一条把我国政治改革引向深入的可能的途径。

（说明：本题无标准答案，以上观点仅供参考。）

【案例作业】

案例作业 9 – 1

淮安引入"第三方"考评党政机关工作绩效

2011 年 10 月以来，江苏省淮安市纪委、监察局创新工作思路，委托第三方调查机构——零点研究咨询集团，考评党政机关工作绩效。先后对全市 87 个部门的廉政状况和 59 个政府组成部门、公共服务单位的效能状况开展调查，探索出一条党政机关勤廉考评的新路径，以更加客观准确地掌握民情民意，增强决策的科学性和评价结果的公信力。

据介绍，本次第三方民意调查的指标体系，由淮安市纪委与零点公司共同研究确定，以通俗易懂、直观明了、便于操作为重要标准。例如，廉政民调共设立"有无利用职权收受服务对象钱物"、"有无吃拿卡要现象"等 6 个外部评价指标和"'三公'支出是否合理"、"重大事项决策是否民主"等 10 个内部评价指标；效能民调则按照"工作效率、依法行政、政务公开、服务质量、业务水平"五大类分设 19 个指标。

调查对象涵盖企事业单位、居民、社会监督人士、有关领导和内部员工 5 个层次。调查以定量问卷为主、暗访和访谈为辅，共发送短信 11000 余条、拨打访问电话 12000 多次、邮寄问卷 400 余份、抽样访问 350 余人，累计获得有效样本 6753 人次，并对市行政审批中心等 6 家单位服务窗口进行实地暗访调查。

其中，单位内部员工，只评价本单位的廉政状况，以发送短信和网络在线调查为主；服务对象对单位的勤廉评价，以电话访问、现场访问为主；有关领导和社会监督人士，采取邮寄问卷与网上在线调查相结合的方式。

淮安市纪委此项调查项目负责人韩高峰介绍，调查结果经统计汇总和深度分析后，已分别形成各部门廉政和效能状况得分排名表。廉政评估结果在党内公开，排名靠后的单位，已由该市纪委责成其查找问题、进行整改；效能评估结果面向社会公开，并以与平时考核同样占比50%的分值，成为市委、市政府表彰软环境和效能"十佳"单位的重要依据。排名连续靠后的单位，将由纪委全委会启动质询程序，以督促其解释说明、进行整改。

不少参加测评的单位负责人表示，第三方调查给其工作带来了不小的压力，同时也形成了动力，一些机关单位甚至在第一时间就上门索要详细结果，以便立即组织分析整改。

在传统操作模式下，党政机关绩效评价往往存在被评价对象既当"运动员"，又当"裁判员"的现象，"人情票"、"关系分"屡禁不绝，使评价结果的准确性和公信力大为降低，难以实现应用评价结果反映机关绩效继而推动绩效改善的目的。淮安市推出的第三方评测廉政指数，是力求客观公正、最大限度接纳民意的一次探索，为党政机关进行绩效评估提供了一条新的途径。

（案例来源：2012年06月15日，人民网－人民日报，作者姚雪青。引用时有删减。）

思考题

1. 为什么要对党政机关工作绩效进行评估？
2. 引入"第三方"评估党政机关工作绩效与传统的政府机关绩效评估相比有哪些优点？

案例作业9－2

浦东新区政府绩效评估的发展与推进

上海浦东新区是全国行政机关改革和政府绩效考核的"综合改革"试点之一。在评估和管理政府绩效方面，浦东新区不仅率先开展绩效预算改革的探索，而且创新性的创立开通了"权力公开专网"，并且在第三方评估、效能投诉等方面都进行了许多富有创新意义的尝试。通过这一系列的改革创新，一个有效评估和管理政府绩效的框架初步形成。

除了年度考核外，浦东新区的政府绩效评估工作主要由行政效能评估、绩效预算、政风行风评议等内容组成。

2006 年，浦东新区制定出台了行政效能投诉、行政首长问责、行政效能评估和行政审批电子监察等方面的暂行办法，为提高行政效能初步创立了相应的制度平台。

(1)行政效能评估内容。根据《浦东新区行政效能评估暂行办法》的规定，行政效能评估的主要内容包括新区各级行政机关及法定委托或授权履行行政管理职责组织在履行职责、政务(事务)公开、执法(办事)公正、服务态度、办事效率及清正廉洁等方面的表现。参与行政效能评估的主体包括社会公众(比如政府部门管理服务的对象)、社会专业机构(比如社会中介机构、各类专业组织)、社会专门人士(比如人大代表、政协委员、民主党派和无党派人士、各类社会监督员、测评员)等。评估的方式包括以社会公众为主的政风行风测评、以社会专业机构为主的社会专业测评、以社会专门人士为主的社会监督评估、以政府网站为主的社会网上评议等。

(2)行政效能评估的主要做法。浦东新区根据各种机构和组织履行职能职责的方式，将评估对象分为综合管理类和行政执法类两种类型。综合管理类是指以实行政府内部管理和社会综合管理为主的区政府各综合职能部门和街道行政机关；行政执法类是指实施行政执法和公共管理服务为主，直接为社会、群众服务办事的专业部门。对于这两类不同的评估对象，在实施评估的做法上有所不同。对于行政执法类评估对象，由新区监察委组织社会专门人士，按照市监察委、市纠正部门和行业不正之风办公室的统一部署要求，在新区范围内进行政风行风测评；对于综合管理类评估对象，由新区监察委组织或委托社会专业机构在新区区级领导干部和各综合职能部门内设机构、下级机关组织、直属事业单位、村(居)民委员会工作人员中开展评估，并在提供管理服务对象名单的基础上，按评估规定在适量的社会公众中开展评估。

(3)行政效能评估的主要进展。2008 年，浦东新区监察委委托两家专业组织对区政府 21 个部门进行了年度效能评估，评估结果为 83.367，比 2007 年提高了 0.706 点。其中，2008 年新区政府各部门执行力得分为 83.407，比上年提高 0.591，公信力得分为 82.346，比上年提高了 0.822。该年综合管理部门行政效能评价平均得分为 83.585 分，比上年提高 0.684 分；行政执法类部门行政效能评价平均得分为 82.71 分，比上年提高 0.777 分。横向上，得分列前三位的依次是司法局(85.078 分)、区政办(84.388 分)和建交委

（84.295分）。

2005年，浦东新区就开始了绩效预算的探索。当时，浦东新区财政局和环保局对龙阳路灯道路综合养护（包括市政维护、环卫和绿化）资金使用情况及其效果进行了考评。2006年初，浦东新区正式推行绩效预算试点。三年来，浦东新区绩效预算改革工作的主要内容包括三个方面：

（1）开展财政项目绩效评价。从2006年起，每年选择部分项目实施绩效评价，其中2006年21个项目，涉及资金41.3亿元；2007年38个项目，涉及资金76.73亿元；2008年43个项目，涉及资金104.69亿元。在这些项目中，区级项目13个，涉及资金68.87亿元；功能区、街道项目23个，涉及资金7.43亿元；政府财力投资项目7个，涉及资金28.39亿元。

（2）建立绩效预算制度。2006年出台了《浦东新区绩效预算改革试点方案》；2007年制定出台了《浦东新区财政绩效预算管理办法（试行）》、《浦东新区财政预算监督办法（试行）、《浦东新区街道预算民主理财管理办法（试行）》、《浦东新区政府绩效评价办法（试行）》等规定；2008年又制定出台了《浦东新区预算管理行政首长问责办法（试行）和《浦东新区财政预算绩效评价结果公开管理办法（试行）》等制度。而且，逐渐建立了跨部门联动和协调的工作机制，包括浦东新区绩效预算改革联席会议制度，以及财政、发改委、审计、主管部门等重大项目评价联动机制等。

（3）探索预算编制改革。从2007年开始，浦东新区积极探索"目标－任务－预算－评价"的新编制模式，即"单位先确定年度绩效目标，根据目标安排工作任务，按工作任务所需申请预算，预算执行后进行绩效评价"。在2007年预算编制中，将环保专项资金、卫生专项、科普经费、农业专项、平安建设等项目纳入预算编制改革试点范围；2008年对信息化专项、外事外宣等五类项目实行"三边联合审评"，即由预算主管部门、专业主管部门、财政部门分别根据各自职能，对项目支出实施事前绩效评估；2009年则进一步选择公安局、环境监测站等部门（单位）预算资金，物业管理费、河道整治、公交基金等项目基金，明细填报量化的资金绩效目标和指标。

浦东新区还进行了政风行风评议，虽然这是全国和全市的"规定动作"，但浦东在一些实施细节上仍然有所创新。①将政风行风评议和行政效能评估相结合。如前所述，在行政效能评估的相关规定中，行政执法类部门的行政效能评估纳入到政风行风评议框架内，使评议与行政效能提高紧密结合，在一定程度上缓解了评议结果无从落实的问题。②将政风行风评议和政务公开工作相结合。浦东新区在充分整合各单位政务网络资源的基础上，统筹建设了权力公开透明运行电子系统。该系统主要由"权力公开专网"、"业务办公系统"和"权力监管系统"三部分组成。通过全区统一的电子系统，将公开、办公和监督融为一体，探索权力运作的网上公开、网上办公和网上监督。③政风行风评议和效能投诉相互补充。在运行中，政风行风评议具有周期性、参与者的被动性、测评指标的平均含义等特征，而效能投诉中心表现为日常性、参与者的主动性、投诉事例的个案性等特征，因而两者相互补充可以完善信息的完整性。

浦东在政府绩效评估和管理工作上展开了很多探索，在很多方面取得了显著成效。但是，浦东的政府绩效评估体系尚处于初级阶段，仍然面临许多问题，其中较为突出的是各种评估工作缺乏相互协调，没有形成有机联系的体系。具体表现：①政府绩效管理缺乏战略规划。虽然一直在探索改善行政管理、提高行政效能，但浦东对于全面的政府绩效管理缺乏完整的规划，已有的一些工作主要来自于相关部门的创新。②评估方式相互分隔。受制于各个部门的职责，各种评估方式之间缺乏应有的协调和配合，这不仅使评估对象产生"徒增工作量"的印象，而且滋生了"评估工作只是增加指标设定部门权益的手段"的议论。③评估内容不完整。在浦东已有的绩效评估工作中，只有涉及公众导向和社会导向的指标，没有设计与工作部门及人员有关的指标，这些人群的需求和利益没有在评估中体现出来，这导致评估对象与评估操作者之间的利益存在冲突。浦东参与绩效预算工作的人员就写道：项目绩效评价的指标体系是"整个绩效评价当中技术难度最大的部分，也是最关键的部分。因为各个项目涉及的领域和绩效目标并不一样，而且评价其效益的角度也不尽相同，所以关于指标体系的设置可能会有争议"。

（案例来源：http://www.doc88.com/p-542678209840.html。引用时有更改。）

思考题

1. 浦东新区的绩效管理工作为我国政府机关的绩效管理改革提供了哪些经验？

2. 针对浦东政府绩效评估中存在的问题，试分析应该如何推进浦东新区的政府绩效管理工作？

案例作业 9-3

广州推出公务员首问首办制，服务不好可投诉

截至 2003 年 11 月 25 日，广州每个市直单位都有了符合本单位工作实际的公务员行为管理规范。每个市直单位公务员的公务行为都必须依管理规范进行，否则市民们可依规投诉。

据悉，一套完整的公务员行为管理规范具体实施办法包括了各自单位的公共服务行为规范规定、有效投诉认定办法、服务承诺制度、办事指南制度、首问首办责任制度、一次性告知制度、限时办结制度和公共服务行为监督制度等八项内容。

市民到机关单位办事最烦的是什么？最近的一项民意调查显示是"推诿拖沓"。针对这个问题，各单位在制定该规范的具体实施办法时，特别规定了首问首办制度。

如市劳动和社会保障局规定，市民们申请办事、咨询或者投诉时，与之接触的第一位工作人员即为首问首办责任人。首问首办责任人对所有来电、来信、来访（无论是否属于本岗位范围的事情）的人员，都必须热情礼貌，文明用语，耐心解答问询，不得以任何借口推诿、拒绝或拖延处理时间。首问首办责任人受理服务对象的咨询、投诉或所申办事项时，属于职责范围内的，凡符合规定、手续齐全的，应当按已公开的办事制度及时办理；手续不全或未能及时办结的，应主动说明原因，并一次性告知有关办理需要补充的材料及申办程序。

《广州市国家行政机关及其公务员公共服务行为规范试行办法》公布后，市民们可以依据对办事不公、态度蛮横的公务员进行投诉。但投诉有效与否，各单位都有自己的具体认定办法。如市工商局规定，工商管理人员公务员有以下行为之一，即可认定为有效投诉：（1）在办理行政审批事项时，对于符合条件的不予审批或没有按时限予以审批；（2）不按照规定一次性告知群众其所需要办理事项的依据、时限、程序、所需要的全部材料以及不予办理的理由；（3）不按规定程序、时限给群众提供服务；（4）不按照规定程序执行公务；（5）不按照规范的工作用语及工作礼仪执行公务；（6）不按照规范的服务用语及服务礼仪接待来访群众；（7）不答复群众反映的问题。

从明年起，广州公务员的平时工作表现将具体量化，与个人年终考核分

数综合后共同构成个人年度考核结果。广州市 25 万名公务员、国家机关工作人员及参照公务员管理的事业单位工作人员工作表现，明年起将全部按月或者按季度量化考核。

据悉，月度考核或季度考核具体操作是，首先个人制定工作计划，并为每项任务分配一定的分数，主管领导同意该方案后就以任务完成情况进行考评，月底或季度末个人自评的分数与领导评定分数综合后，构成个人月度或季度表现分数，月度分数与季度分数相加后成为年度分数，该分数与个人年终考核分数以 6∶4 的比例综合后就成为个人年度综合考评分数，个人表现属于优秀、合格还是不合格即以此分数为依据。

对个人表现年度考核采取量化测评后，个人年终考核由领导、个人、同事对个人一年来德、勤、绩、能四方面细化打分后综合评定，避免了个人年终表现由领导个人决定或者受人情左右的情况。今年年底，广州市公务员年终考评将全部采用这一方法。

广州市人事局公务员管理处有关负责人表示，对个人平时考核与年终考核采用量化打分方式之后，个人年度表现基本能做到按照绩效评定，对工作人员的业绩和表现评定将更科学、公正、客观。

（案例来源：http://news.sina.com.cn/s/2003 - 11 - 26/10561191938s.shtml。引用时有删减。）

思考题

1. 试分析案例中的做法对提高政府绩效、建设服务性政府有何意义？
2. 结合案例试分析，如何提高政府部门的绩效？

案例作业 9 - 4

温州试行政府公信度考核结果与单位年终奖挂钩

得知温州是在全省第一个推行政府公信度考核，温州市房管局张平感觉压力很大。在他看来，压力主要来自扣分，自己如果对群众态度不好，整个单位都有可能扣分，这样领导和同事就受'牵连'，大家的年终奖都可能减半。今年开始，对温州市市直机关和参照公务员法管理单位的数千名公务员来说，都要跟张平一样，承受着这种约束压力。

温州市人事局公务员管理处相关负责人介绍，目前，随着市场经济的发展，一些百姓感觉到政府信用有所缺失，加上少数工作人员办事不透明甚至滥用权力等现象出现，致使政府公信度有所下降。"政府不能只让上级满意就够了，它最终还在于能否得到当地老百姓的认可。"这位负责人说道。

今年是机关作风建设年，如何转变机关干部作风，更好服务百姓？温州市为此印发了《2008年市级机关目标管理绩效考核实施意见》，在年度目标绩效考核的工作目标、共性目标等之外，首次增加了政府公信度考核。

政府公信度考核是作为各单位的加减分项目。它包括社会各界评议和机关效能评议两部分。其中，社会各界评议是由温州1万多名群众代表组成，每年让这些代表评议市直机关的服务、办事态度是否满意，按票数多少决定，凡是被评为年度满意单位的加5分（五个指标），被评为年度不满意单位的则扣5分。受效能投诉经查实的单位，或发现工作人员在日常工作中有令不行、办事拖拉、吃拿卡要、态度刁蛮的，则对整个单位进行量化扣分。

不要小看这几个加减分值，它直接决定各单位的年度目标考核结果，这个结果又最终与公务员们的年终奖金发放挂钩。去年温州市直机关年终奖金，是人均6800元左右。

温州的具体做法是，对评为达标单位的按标准发放年度目标考核奖。今年准备按参评单位15%的比例，评出"年度绩效综合考核先进单位"，按参加重要工作责任制重点目标考核单位20%比例，评出"重要工作责任制重点目标考核优秀单位"，并分别给予单位人均1000元和500元的奖金。同时，对未完成市委、市政府重要工作责任制重点目标，并在小组综合考核成绩列末位的单位，将被确定为"告诫单位"，并扣发单位年度目标考核奖50%。

浙江省委党校公共管理教研部陈宏彩博士认为，把政府公信度纳入机关年度考核，并通过群众投票评议，温州实践是一种推动政府再造的制度选择。"温州这种做法，可以讲是现阶段我们塑造公共服务型政府、提升政府公信度的一个重要杠杆和手段。"他解释，让群众评议政府机关公信度，也迫使政府各部门不得不转换思维模式，想方设法满足公众的合理化要求。

如此一来，群众的各种需求和愿望自然会最大程度地进入政治程序，高效率地转换成政府决策并得到切实执行，政府尊重、保障和发展人民群众的根本利益，人民群众信任、认可和支持政府的各项活动，这恰恰是公共服务型政府、民本政府与责任政府的根本内涵和本质要求，更是建构政府与公民、政府与社会互动双赢机制的必然结果。

（案例来源：http://news. xinhuanet. com/local/2007 - 06/24/content_6282530. htm。引

用时有删减。）

思考题

1. 结合案例试分析，将政府公信度纳入机关年度考核有什么重要意义？
2. 该案例对完善政府机关的绩效评估制度有何启示？

第十章　机关管理

本章主要探讨五个方面的问题：

一、机关管理的基本概念

机关管理，是指对机关日常事务的管理，也就是对办公厅（室）事务的管理。

二、机关管理的任务

1. 参与政务，即协助领导进行决策和指挥。

2. 处理事务，即处理大量的、例行的日常事务以及种种临时性、突击性的事务。

3. 提供服务，具体表现为为机关行政领导工作服务、为群众服务、为本单位各项工作提供条件与服务，为机关全体工作人员的生活福利服务等。

三、机关管理的作用

1. 提供基础性工作条件，能保障职能活动的顺利进行。

2. 能充分利用和节约时间，提高工作效率。

3. 能体现党和国家对职工、群众的关怀，调动他们的积极性和适应性。

4. 能直接影响本单位的声誉，是机关精神文明建设的窗口。

四、机关管理的特点

1. 服务性。这是行政机关管理的根本特征，也是保证行政机关正常高效开展工作的基础。

2. 群众性。行政机关管理活动为群众服务，解群众所难，也要依靠群众，发动群众，获取群众的支持。

3. 复杂性。行政机关管理活动涉及面广，头绪繁多且情况多变，涉及广泛的学科知识。

4. 时间性。行政机关的管理工作要有雷厉风行的作风，办事要准确及时。

5. 政策性。行政机关管理活动，不仅要坚决贯彻执行党和国家的政策、法律、中央和上级政府的法规制度，而且还要认真研究和落实本地区的具体政策和本机关的具体制度。

五、机关管理的原则

1. 从实际出发，按客观规律办事的原则。
2. 民主管理和遵守纪律的原则。
3. 方便群众，有利工作的原则。
4. 经济节约的原则。
5. 物质鼓励和精神激励相结合的原则。
6. 分工协作的原则。

六、会议管理

（一）会议的重要性

1. 可以集思广益，丰富领导经验，提高领导水平。
2. 是贯彻群众路线，实现人民群众参与管理国家和社会事务的途径之一。
3. 是沟通信息，协调关系的重要手段原则。

（二）会议管理的原则

会议管理的核心问题是提高会议的效率，重视会议的质量。应坚持的原则是：精简节约原则、讲求质量原则、发扬民主原则、适时适度适地原则、采用现代办公手段原则。

七、文书管理

（一）行政公文的含义

行政公文是指国家行政机关为实施行政管理所形成的、具有法定效力和规范体式的公务文书。

（二）大体分类

行政公文，大体分为以下 10 类：

1. 命令(令)、指令；2. 决定、决议；3. 指示；4. 布告、公告、通告；5. 通知；6. 通告；7. 报告、请求；8. 批复；9. 函；10. 会议纪要。

八、档案管理

(一)档案管理的基本含义

机关档案是各机关在社会活动中形成并作为历史记录保存起来备查的文件材料。一般而言，机关档案由文书经文书处理部门立卷后，按照一定程序交给档案部门转化而来的。档案不仅可以给生产活动和社会活动提供必需的依据和丰富的经验，而且，档案是机关工作的稽凭、科学研究的基础、宣传教育的生动材料。

(二)档案管理的内容

1. 收集档案；2. 整理档案；3. 鉴定档案；4. 保管档案；5. 统计档案；6. 提供与利用档案。

九、财务管理

(一)财务管理的基本含义

机关财务管理，主要是指机关为完成自身的任务所需资金的调拨、分配和使用。

(二)财务管理的任务

1. 合理安排和执行预算，保证完成机关工作任务。

2. 努力节约开支，合理组织收入。

3. 建立和健全财务管理制度，保证财产安全和合理使用。

4. 加强财务监督，维护财经纪律。

十、实现机关管理的现代化

(一)机关管理现代化的基本含义

机关管理现代化就是以现代管理为基础，使机关管理在管理观念、人员素质、管理方法和管理手段以及人财物诸要素的有机结合上，逐步达到现代先进水平。

(二)实现机关管理现代化的原则

1. 观念领先。要实现机关管理现代化，首先必须实现机关管理观念的现代化，为全面实现和加快推进机关管理现代化解除思想观念上的障碍。

2. 统筹规划。机关管理现代化必须有领导、有规划、有步骤地进行。(1)要对机关管理各个方面的现代化实行统筹规划,使机关管理硬件设施的现代化与软件构成的现代化协调发展。(2)要对整个政府系统的机关管理现代化实行统筹规划,加强领导和协调,统一指标和要求,避免重复建设,提供整体效益。(3)要对不同历史时期和同一历史时期的不同发展阶段的机关管理现代化实行统筹规划,将近期目标和长远规划有机地结合起来。

3. 经济节约。(1)要着眼战略,坚持以最新的观念和知识培训人员,运用先进的方法和设备,使机关管理现代化的水平在较长时间内处于国际国内领先地位,延长更新周期,求得长期效益;(2)要着眼战术,统一人员培训,统一技术指标,统一设备配置,加强经济核算和预算控制,防止设备闲置和资金浪费。

4. 民主科学。(1)长远规划和近期目标的制定,应当广泛征询意见和进行科学预测,使之既鼓舞人心,又切实可行;(2)管理机构的设置、工作程序的设定及仪器设备的采购,应当经过充分的讨论和科学的论证,使之科学实用,便于提高效益。

5. 切合实际。既不能脱离一定历史时期或一定历史阶段社会发展进步的客观要求,使机关管理现代化进程长期滞后或过于超前于社会政治经济和科学技术发展的水平,影响相应时期(阶段)政府职能目标的实现;又不能脱离本地区、本单位的实际情况,盲目贪大求洋;更不能将机关管理现代化搞成达标比赛,你追我赶,你赶我超,讲排场、比阔气,借"现代化"之名行"奢侈化"之实,超出政府财政承受能力。

(三)实现机关管理现代化的途径

1. 树立现代化的管理观念。(1)职能观念现代化;(2)绩效观念现代化;(3)破除人治观念,树立法治观念。

2. 提高机关管理人员的素质。现代化的机关管理对人员素质主要有三个方面的要求:一是政治强,二是作风硬,三是业务精。

3. 运用现代化的管理方法和手段。(1)要在继续运用好并不断完善行政、经济和法律等传统的基本管理方法的同时,运用系统论、信息论、控制论和现代数学等新成果;(2)要积极运用现代的管理手段特别是电子计算机和各类自动化技术设备等先进的管理手段,逐步实现机关办公自动化。

4. 改革和完善机关后勤管理体制。(1)机关事务管理要由分散管理的体制向集中管理的体制转变;(2)机关后勤服务要由全民化、事业化的管理体制向社会化、企业化的管理体制转变。

【示范案例】

☞ 示范案例 10 - 1

某市政府办公厅加强机关作风建设的探索

2013 年新年伊始，某市政府办公厅领导班子向全厅明确提出：在新的一年里，办公厅各项建设要努力达到"五明"标准：即"做人要光明，为政要廉明，办事要透明，纪律要严明，决策要精明"，并把"五明"标准作为办公厅思想、作风、业务建设的努力目标。

"五明"标准是反映政府机关建设各个方面的完整的统一体，其基本点是遵循人民政府全心全意为人民服务的宗旨，推动政府机关的各项建设。"五明"标准在内容上既相互联系，又各有侧重地反映政府机关建设的五个不同侧面。

"做人要光明"——主要是在思想品德上，解决做人的根本原则问题。具体的要求是"四要"：即对同志要真诚相待；对是非要原则分明；对组织要忠诚坦白；对大局要讲团结。

"为政要廉明"——主要是在职业道德上，解决为政的职业责任问题。具体的要求是"十个字"：清正、廉洁、节俭、秉公、尽责。

"办事要透明"——主要是在制度保证上，解决实施有效的民主监督问题。具体的要求是"两公开、一监督"：即公开办事制度；公开办事结果；建立民主监督。

"纪律要严明"——主要是在作风纪律上，解决行为约束、从严治政的问题。具体的要求是"四句话"：即自觉与党中央保持一致，令行禁止，遵纪守法，赏罚严明。

"决策要精明"——主要是在业务质量上，解决业务工作的高标准问题。具体的要求是"六做到"：即方针政策领会准；基层情况心中明；岗位业务能精通；本职工作勇开拓；参政议政积极主动；进行决策讲科学。

为了达到"五明"的目标，办公厅从如下四个方面狠抓落实：

1. 在思想建设上：首先，加强思想教育，提高全厅人员思想素质。其次，加强思想政治工作，改善机关内部秩序管理。

2．在组织建设上：一是全力抓好党员评议工作，对党员进行一次先锋模范作用的再教育。二是针对本厅的一些问题，组织党员学习《反对自由主义》和《关于党内政治生活的若干准则》，进行一次党性、党纪的思想教育。三是通过培训党员骨干，建立相应的党内岗位责任制度。四是严格党内各项组织制度，加强检查监督。

3．在作风建设上：在廉政教育的基础上，继续加强"三公开一监督"的制度建设工作。

4．在业务建设上：第一，进一步健全岗位责任制，并加强机关人员的岗位业务培训，提高业务素质。第二，不定期举办经济改革理论讲座，组织好对中央重大方针政策的学习，及时领会中央有关开放改革的部署等。第三，广开沟通民情渠道，促进政府民主建设。第四，拓宽政府部门科学决策、民主决策的渠道，广开智源，加强对开放改革决策性问题的研究。第五，改善同区、县等基层和外省、市的纵、横向联系，健全信息网络。第六，认真做好催、查办的工作，发挥督办部门的作用。

由于目标明确，措施得力，某市政府办公厅的机关管理工作呈现出崭新的面貌。

（案例来源：http://bm.gduf.edu.cn/kcpt/xzglx/xgjxzy051.htm。引用时有删减。）

分析提示

1．政府部门机关管理的任务是什么？
2．某市政府办公厅提出的"五明"目标以及所采取的措施对于我们加强机关建设有什么启示？

分析提示

1．政府部门机关管理的任务是什么？

政府部门内设的综合办事机构，虽不直接完成机关的全部工作，但它是整个机关的枢纽，是指挥和控制各项工作的中心，是整个机关工作的发动机。其基本任务有：

（1）参与政务，即协助领导进行决策和指挥。办公厅（室）参与政务的方式：一是在决策的形成过程中，广泛收集、深入加工信息，为决策提供依据；

分析判断、参加拟定方案，为领导者决断、选择提供参考。二是在决策执行过程中，收集反馈信息，发现执行偏离目标或者决策偏离实际的情况，及时提出调整、修正和补充意见，为领导者灵活指挥和及时控制工作进程提供依据。三是在决策完成后，组织好工作总结，为领导者下一轮决策提供经验教训。

（2）处理事务，即处理大量的、例行的日常事务以及种种临时性、突击性的事务。从内容上看，有文电起草印发、上下级公文处理、信息传输、公务接待、公务组织、来信来函办理、督促检查、外事活动，等等，要根据领导者的授权和自身职能，推动本单位全面工作的正常开展。总之，承上启下、联系内外、沟通四方、协调左右等各方面的事务都要处理好。为了保证机关工作正常、协调运转，必须抓好三个环节：创造良好的工作环境；执行严格的工作制度；建立畅通的信息沟通系统。

（3）提供服务，具体表现为：为机关行政领导工作服务，即为领导者日常工作的展开提供各项服务；为群众服务，即帮群众解决困难，想群众之所想，急群众之所急，切实为群众办实事；为本单位各项工作提供条件与服务；为机关全体工作人员的生活福利服务等。

2. 某市政府办公厅提出的"五明"目标以及所采取的措施对于我们加强机关建设有什么启示？

加强机关建设要在明确目标的前提下，确定具体的标准与要求，并制定严格的措施予以落实。加强机关建设，提高工作效率和服务质量，不光要在机构设置、办公设施等一系列问题上做文章，也要关注机关管理的制度化和规范化建设。将管理条例制度化和规范化，有利于明确工作任务和职责，让工作人员有章可循、各司其职，做到事无大小有人管，事无轻重均落实，从而可以更好地提高办事效率和工作质量。

政府机关工作人员是各项政策的实施者和落实者，在新的历史条件下，加强机关工作人员的思想政治教育与工作作风建设，切实贯彻全心全意为人民服务的宗旨，对于提高政府公信力，树立良好的政府形象，全面提高行政管理水平有着重要意义。

案例中，某市政府办公厅为了实现"五明"标准，分别在思想品德、职业道德、制度保证、作风纪律、业务质量五个方面提出了要求，把优良的传统和开拓创新的精神有效地结合起来，这对于政府机关做到理政于勤、为政于廉、谋政于绩有着一定的推动作用。同时，为了达到其所设定的"五明"的目标，政府从四个方面规定了落实的具体措施，为加强行政机关的行政道德、行政规范建设提供了宝贵的经验。

（说明：本题无标准答案，以上观点仅供参考。）

☞　**示范案例 10-2**

人员增加了，为什么效率反而降低

2010 年年初，A 局办公室共有工作人员 6 人，其中正副主任各 1 人，干事 4 人。多年来，办公室主任老王一直主持办公室的日常工作。副主任老张平时与办公室其他 4 名干事一样从事一些具体工作。当办公室碰到一些较重要的事情时，一般总是由老王、老张两人商量后再布置下去。总的来说，办公室的工作在这几年里开展得比较顺利。

随着政治与经济体制改革的深入和业务活动的开展，局办公室的工作任务日益增多。繁忙的工作常常使得 4 名干事筋疲力尽。老王感到：长期这样干下去不是办法，大家的身体可能搞垮，工作质量也受影响。按照编制，办公室还可以增加 4 名工作人员，于是，老王向局干部处提出了增加办公人员的要求。

干部处早就感到要加强办公室的力量，只是一时未找到合适的人选。2012 年 8 月，干部处经过讨论研究后，决定先在局机关范围内物色 1 名年纪较经、政治素质好、有文化的同志，充实到局办公室的领导班子中，加强办公室的领导力量。以后有机会再物色 3 名人员，充实办公室其他方面的力量。不久，他们在局技术处物色到了工程师老赵。老赵，40 多岁，党员，长期从事专业技术工作，勤恳踏实，任劳任怨，曾两次被评为市劳动模范。当局干部处征求有关同志对老赵的意见时，大家都觉得老赵政治素质好，技术上过硬，除了口头表达能力较差以及交际能力较弱外，没有其他明显的不足之处。干部处同志在多方听取群众的意见后，感到老赵符合干部"四化"条件，是一个合适的人选。于是上报局党委，经党委讨论同意，正式任命老赵为局办公室副主任。

老赵到任后，办公室主任老王即召集了办公室全体人员会议。老王在会上先介绍了老赵的情况，然后谈了自己对搞好办公室工作的三点意见：

理顺办公室的工作关系。由他统筹整个办公室的工作，原由他分管的办公室的一部分工作现在移交给老赵分管。

干事小李、小陆的工作要向老赵汇报，另外两名干事的工作要向老张汇报。如果工作中遇到问题，老赵或老张解决不了时，再请示老王。

为了更好地贯彻民主集中制的原则，今后办公室的重大事情都由老王、老张、老赵三人共同商量决定，不搞一言堂。

老赵调到办公室后，工作积极性很高，他努力学习业务，待人热情和气，很快就得到大家的好评。老王呢，多了一个助手，许多会议可以不必亲自出马了，许多文件也不亲自审批了，顿时感到轻松了许多。可是，局办公室的工作却出现了一些新的问题：

（1）干事们比以前更忙得不可开交了。

（2）办公室内部上下左右之间的信息沟通不如以前通畅了。

（3）一些急需处理解决的事，由于需要老王、老张、老赵三人一起来商量决定，因而常常耽误了时间。

老赵本人也感到很苦恼，虽然他到办公室后努力学习业务，但对办公室的工作仍感前头万绪，不知从哪儿着手好，原有的专业知识在这儿一点也派不上用场。其中最使他害怕的是开会，每逢遇到由他主持会议或即席发言时，他总感到无所适从，不知说些什么才好。另外，他与干事们商量具体工作时，干事们常常是各抒己见，争论激烈。而老赵呢，总觉得各有道理而拍不了板，结果，往往搞得大家不欢而散。这些情况使干部处的同志感到很纳闷，为什么把一个各方面素质都较好的同志充实到办公室领导班子中去后，办公室的办事效率和质量反而没有提高呢？干部处的同志就此事展开了热烈的讨论。

（案例来源：http://wenku.baidu.com/view/746c6d3b0912a216147929.html。）

思考题

1. A 局办公室增加了人员，为什么效率反而降低了？
2. 我们从局办公室增配人员的过程中应该吸取哪些经验教训？

分析提示

1. A 局办公室增加了人员，为什么效率反而降低了？

A 局办公室增加了工作人员，为什么效率反而下降？那是因为，行政效率的高低与行政人员的多少没有直接的关系，而是主要取决于行政人员的合理配置。

在本案例中，人员的增加之所以会导致效率的下降，主要是因为人员的配置没有遵循科学的行政组织原则，人员的增加未能使行政体制更加合理。每位工作人员只有被安排在与其专长相对应的岗位上，才能施展和发挥自身的优势和才能。老赵虽然政治素质好，技术过硬，但是他没有办公室管理的经验。如果老赵被安排在生产技术部门会更有利于发挥自身专长做出更好的业绩，而被安排办公室一方面是对其才干的浪费，另一方面也不利于提高领导班子的整体效能。而且还由于增加了管理层次造成办公室内部信息沟通不畅，行政效率降低。

综上，导致 A 局办公室效率降低的原因主要有：人员增配不合理；忽视了能位一致原则；不恰当地增加了管理层次。

2. 我们从局办公室增配人员的过程中应该吸取哪些经验教训？

通过本案例我们可以吸取的经验教训主要有：第一，全方位多角度地思考问题的解决之道。老王在感到办公室存在工作过于繁忙的问题时，提出增加办公人员的要求，而没有从办公技术、人员素质、工作流程等方面入手去寻找原因，而这些因素都为效率的降低留下了隐患。第二，根据实际需要增配人员，且人员配备过程中一定要遵循能位一致的原则。应依据人员自身的才能和专长分配合适的职位，做到因才定岗、职尽其才。一个成功的领导者，除了要有过硬的业务素质，更要有良好的沟通能力、组织协调能力和决断能力。老赵虽然技术过硬，思想作风正派，但不善言辞，并不是领导的合适人选。第三，在行政组织重组或人员调动时不要增加不必要的管理层次。增加老赵作办公室副主任后，干事先要向老赵汇报工作，老赵解决不了的再向老王汇报，这样就从原来的两级变为了三级，从而影响了办公室内部的信息畅通。领导层的增加也在一定程度上拖延了事务处理的时间，降低了行政效率。第四，制定相关的规章制度来监督人员的调动过程，以实现科学的人员调动。如在人员调动前要对其能力、素质、专长等进行全面了解，确定其具备担任相应职务的素质条件后再进行调动；在人员调动后也要有一定的考察期，对其从事新工作的绩效情况进行评估，达到标准则留下，低于标准则将其另行安排。

（说明：本题无标准答案，以上观点仅供参考。）

【案例作业】

案例作业 10－1

政府采购制度的改进

2007 年，江苏省泰州市政府列入政府采购的有汽车、计算机和网络工程、空调器、打印和复印设备、高档音响设备、大宗建筑材料，以及车辆保险、汽车定点加（购）油、定点接待办公等。

新中国成立以来，我国一直采取财政以货币形式向各预算单位供给经费，再由各预算单位分散采购所需物品，进行自我服务和自我供给的办法。现在为什么要采用政府采购这种制度呢？时任泰州市财政局局长的潘山元认为，以前的财政支出方式有弊端，比如，政府各个使用单位分散采购容易造成重复采购、过度采购而事业资金浪费，实行行政审批的方法，财政部门在把钱拨出去以后，无法控制资源的有效使用，加之缺乏监督，各个部门购买物品和劳务的过程不透明，进行"暗箱"操作，会产生拿回扣、开假发票等腐败行为。

对于政府采购节省公共开支，提高资金的使用效率，潘山元也深有感触。他说，政府采购制度变过去的单个购买为批量采购，扩大了采购规模，减少了采购成本；通过公开招标，供应单位之间相互竞争，使价格达到市场同质量最低点；政府采购制度与财政部门管理预算内外资金有机结合，避免了不合理的开支，减少了浪费，有效地控制了财政支出。泰州市政府今年加大对基础设施和基本建设的投入，仅新区重点建设总投入就达 8 亿多元，需要购置大量的建设材料和设备。市政府决定对这些大宗建设材料和设备进行集中采购。7 月 30 日进行了采购水泥、钢材、木材的公开招标，所购商品价格均比当时市场价格低，节约资金近 700 万元。承办此次招标的江苏省招标中心招标五处的宋航处长预计，如果全部建筑材料、设备实行招标后，节约资金不少于 1000 万元。

政府采购制度有着严格的程序，以泰州市为例，从《泰州市政府采购制度暂行办法》可以看出，在该《办法》适用范围内的各单位，凡购置纳入政府采购项目的物品，须向政府采购中心办理购物登记，由政府采购中心根据物品登记总量和种类相继组织招、投标，统一采购。政府采购中心在购物单位接到供货单位的商品和服务后，将发票、验收凭证的复印件送至财政局，并直接与供货单位进行货款结算，这就在内部机制上建立了相互制约监督的机制。

泰州市财政局行政财务科科长王根余这样解释他们的内部机制：首先要使计划主体、招标主体、采购主体分离，改变以往三位一体的结构，各单位需采购的物品由财政部门各业务科室通过进给预算进行控制；采购时，通过公开招标，由中介机构组织；最后由政府采购中心付款采购。其次，建立内部监督机制，由财政部门的监察室进行内部监督。这不仅包括对工作人员的工作行为的监督，还包括对三个主体分离制度的监督。再次，实行对费用使用的分离。由各个职能科室进行审批，由预算和综合科分别拨付预算内外资金给政府采购中心，由政府采购中心进行付款，这样就可以做到"管钱的不用钱，用钱的不管钱"，从根本上防止拿回扣等腐败行为的发生。专门监督泰州市政府采购的市纪律检查委员会执法司缪云忠主任说："自3月份实行政府采购制度以来，没有发现在采购这一环节上的经济案件，连对采购的举报都没有接到过。"

政府采购制度的实行，是把政府放在消费者的地位上，只不过这个消费者是一个使用公共资金、经常进行大宗采购的消费者。而政府采购采用招标、投标的方法，是在购买中引进了竞争机制。在一种竞争环境中，商家面对这样一位具有巨大购买力的消费者，不仅在价格上要比一般的消费者来的便宜，而且在商品的质量、售后服务等方面会给予很好的保证。

（案例来源：竺乾威主编，《公共行政学》，复旦大学出版社2008年版，第209—211页。引用时有删减。）

思考题

1. 政府采购是机关后勤事务管理的一项重要改革，试述这一制度的特点以及在运作过程中可能出现的问题。

2. 政府采购对相关政府工作人员的素质提出了什么要求？

案例作业 10 -2

机关作风建设带来的新气象

机关作风是党的性质、宗旨在机关工作中的综合体现,反映党和政府的形象,决定机关工作的成败。改革开放以来,历届中央领导都很重视干部作风问题,制定了很多相关规定。党的十八大报告提出坚持艰苦奋斗、勤俭节约,下决心改进文风会风,着力整治庸懒散奢等不良风气,坚决克服形式主义、官僚主义,以优良党风凝聚党心民心、带动政风民风。2012 年 12 月 4 日,中央政治局会议提出改进工作作风、密切联系群众的八项规定:改进调查研究;精简会议活动;精简会议简报;规范出访活动;改进警卫工作;改进新闻报道;严格文稿发表;厉行勤俭节约。新一届中央领导集体率先垂范,以简朴务实作风开创新局面。

中共中央总书记习近平上任后首次离京视察,新政新风已扑面而来。从深圳、珠海、佛山到广州,沿途不封路、不清场,不铺红毯,与群众相伴而行,入住普通酒店普通套房,吃自助餐,为八项规定做出表率。

元旦前夕,习近平到河北考察扶贫重点县,行程紧凑、内容务实,20 多个小时往来奔波 700 多公里,走访两个贫困村,召开两场座谈会。此行目的是"了解中国最贫困地方和群众的真实情况",习近平强调"不管路多远、条件多艰苦,都要服从于此行的目的"。据媒体报道,习近平一行工作餐严格按照"四菜一汤"标准配备,都是家常菜,还特别交代不上酒水,而他在阜平县住宿的房间只有 16 平方米。

中共中央政治局常委、国务院副总理李克强在江西九江、湖北恩施的调研,同样是低调、简朴、务实。两辆中巴车的"车队"在路遇红灯时与普通民众车辆一样等待变绿;在冒雪探访深山农户的路途中,车队还主动停下为对面车辆让路。整个调研考察期间,李克强一行三餐都是自助餐,有一顿晚餐还是火车上提供的盒饭。李克强还安排同行干部另组两个小分队,不要当地陪同,直接到城乡基层了解情况。

与以往不同的还有,此次习近平、李克强到地方考察,官方媒体首次通过微博直播。除第一时间发布行程和动态外,微博中还公布了大量细节和图片。有评论称,这种报道方式打破了传统的领导人报道套路、禁区,展现了政治自信；顺应新时代的新闻传播特性，也正是改变文风，落实"八项规定"的体现。

外媒则评论称，习近平和其他新领导人确实给中国政坛带来了一些新气象。一些看似不太重要的"小事"，不仅展示了务实个性，更有助于树立良好的公共形象，积累公众信任，为将来做一些真正的"大事"打下良好的基础。

八项规定出台后，改进工作作风的新风迅速从中央吹到地方，各地以实际行动积极跟进。

八项规定出台后的第三日，濮阳市便下发通知，把各类简报"砍掉"近60%，保留106种，并要求每期控制在1500字以内。今年12月，湖南共有15条高速公路建成通车，按往常惯例就得举行15场通车仪式。此前湖南省委省政府就已决定"15缩减为1"，八项规定出台后，又立即跟进，这一个总的通车庆典仪式也被取消。

此外，为厉行勤俭节约，多地取消了由政府主办的节庆活动。南京取消了原定12月31日晚在玄武湖举办的迎新年焰火晚会，获得市民的理解和赞赏。兰州要求今年一律停止由政府出面举办的大型灯展和焰火晚会，适度营造节日氛围。

从省级到乡镇街道，各个级别的会议均开始"素颜"亮相，内容则简约务实。而会风的改变很快影响了整个会务产业链。据媒体报道，近期多地鲜花销量大跌，广州盆花销量与去年同期相比减少了一半以上。"新会风"还令多地庆典礼仪公司的生意冷清不少。

年终扎堆的各种检查评比，给基层徒增很多压力和负担，多地根据中央八项规定的要求，已开始清理和规范检查评比考核表彰活动。此外，各级地方还对工作作风展开明察暗访。依据各省份官方网站和公开报道粗略统计，截至2013年1月1日，已有17个省份向社会公布了八项规定的具体实施细则，针对群众关注的改进调查研究、精简会议活动、规范出访活动、改进新闻报道、厉行勤俭节约等方面提出的各项措施，直指群众反映强烈的顽症痼疾，凸显大兴廉洁务实之风的意志决心，也使人们心中平添许多新的期待。

（案例来源：http://www.chinahrd.net/political – humanistic/domestic – politics/2013/0104/184378.html。引用时有删减。）

思考题

1. 在全面建设小康社会的新时期进一步加强机关作风建设意义何在？

2. 结合所学知识谈谈如何将八项规定落到实处，让转变机关工作作风不成为"一阵风"？

案例作业 10-3

陷入"会海"中的领导干部

2013 年新年开始，各地都在紧刹"文山会海"。某市地税局专门设立了周三无会日，规定周三一律不安排会议。这样做使一般干部的会议大大减少了，但是领导干部的会议却丝毫没有任何改变。

据统计，一个分局一周主要有以下会议：局长办公会、市局布置的会议、区政府布置的会议、分局会议。这些会议有的是每周固定时间召开的，如局长办公会；有的是安排在市局一周会议计划的；有的是区政府安排的。所以，局领导每周上班的第一件事就是打开计算机来查看本周的会议通知，以安排本周工作。这还不包括不在会议计划之中的临时通知的会议。而分局也要召开会议，因此有时就不得不牺牲分局利益了。碰到分局有个重要工作，那就不得不开会讨论，一周的正常工作时间就没了。如此繁多的会议使不少局领导深陷其中，不能自拔。

召开会议的部门也是五花八门，有办公室、业务处室、作风办、文明办等。人员也不局限于领导干部，甚至一些与税收不相关的会议如计划生育会、精神病会等也请税务机关参加，你要不参加还不行。参加就参加了，还要你发言，把你头搞大为止。值得一提的是，某些科级干部的会议也逐渐增多。有的科长每周都有会，甚至出现一周开会四天的情况。

（案例来源：http://wenku.baidu.com/view/d79fc029e2bd960590c6777d.html。）

思考题

1. 机关"会海"形成的原因有哪些？
2. 如何进行有效的会议管理将领导干部从"会海"中解放出来？

案例作业 10 - 4

政府机关公务车货币化改革的探索

"车轮腐败"一直是社会各界关注的焦点，也曾被认为是一个难以解开的死结。目前，现行的公务用车制度的弊端日益显现，财政负担沉重、运行成本居高不下、使用效率低下，而公务车私用、滥用等更是严重损害了党政机关的形象。并且，在公务车使用、保养和维修等环节上可玩的"猫腻"，早已是公开的秘密。

调查显示，每年一辆公务车的运行成本（含司机工资、福利）至少在 6 万元以上，有的甚至超过 10 万元。地方公务车消费占财政支出的比例在 6%～12% 之间，有些地方甚至更高。资料表明，"八五"期间，全国公务车耗资 720 亿元，年递增 27%，大大超过了 GDP 的增长速度。截至 20 世纪 90 年代末，我国公务车约有 350 万辆，包括司勤人员在内，每年耗资 3000 亿元人民币。可见，公务车制度改革已势在必行。

从 1998 年 9 月，国家体改委制定《中央党政机关公务用车制度改革方案》后，各地的公务车改革试点陆续展开，其中公务车货币化的改革成为车改的主要方向，在货币化改革的大背景下主要有以下几种具体的改革模式：

重庆模式：2003 年 10 月 13 日，经重庆市政府批准，重庆经济技术开发区车改方案正式实施。其核心内容有两条：一是取消公务用车，将部分现有公务车拍卖，改以"票据化的交通补贴"。参加车改的人员按月凭票据报销交通补贴，报销额度按行政级别从处级到普通科员分 5 个等级，从 2300 元到 600 元不等；二是鼓励职工购买私车，已购买私车者的补贴高于同级别未购车者 800 元到 300 元不等。

浙江模式：2004 年 1 月 1 日，浙江省义乌市、杭州市西湖区取消了所有乡镇、街道的行政公务用车。车改内容包括：对所有公务车折价后公开拍卖；对参加车改的人员，以现金形式按月发放数额不等的交通补贴。义乌市根据乡镇干部工作量和承担责任的大小，分为每月 2000 元、1500 元、800元、500 元、300 元共 5 个档次。

北京模式：北京市公务车改革的试点工作在海淀、房山、平谷等区县展开。其中房山区某镇的车改工作已顺利完成，分为 6 个档次对干部发放车补。包括实职副处级干部每人每月 1800 元、非实职处级干部每人每月 1300

元、科长每人每月 500 元，科员、办事员每人每月 200 元等。同时鼓励参与车改的干部购买机关现有的旧车或购买新车，对购买新车的给予购车价格 20% 的一次性补贴，最高可补贴 3 万元。

这几种模式尽管在政策内容设计上有些差异，但在具体的操作上有些共同的特点：一是逐步实现了"公务车"向"私车"的转变，取消了公务车，杜绝了公务车私用的现象；二是不同程度地对政府公务人员进行了交通补贴，实现了货币化的改革形式；三是交通补贴基本上是按照公务人员的职务与级别进行差异性分配的。

公务车货币化改革政策的确取得了不少成绩，它本身就是一场由政府内部发起的对自身弊病进行的一次改革，对政府内部不同利益群体的既得利益造成了不同程度的影响和触动。取消公务车就意味着剥夺了一部分人专车的特权，有利于杜绝令社会深恶痛绝的公务车私用现象，有利于树立起良好的政府形象。对公务人员的观念形成了一定的冲击，取消了专车与权力、地位画等号的不正常现象；在某种程度上有利于控制政府的行政成本，增加了政府工作的透明度，等等。然而，我们也应该看到公务车货币化改革政策依然存在着不容忽视的问题：改革过于强调经济效益，而忽视了社会效益；交通补贴呈现泛福利化趋势，变相利用公务车改革提高公务员的待遇；根据职务与级别进行补贴，一定程度上强化了行政文化中的"官本位"思想；政策设计、执行缺乏必要的制度化监督等。

（案例来源：http://auto.163.com/special/gongchegaige/，引用时有删减。）

思考题

1. 我国实行公务车货币化改革有何政治、经济与社会意义？
2. 我国公务车改革的困境与出路何在？

后　记

　　自 2001 年以来，我为湘潭大学政治学与行政管理系本科生开设了"行政案例分析"课程，这几年在行政管理专业研究生和 MPA（公共管理专业硕士）课程的教学中，我也经常采用案例教学的方法，深受学生的欢迎，为此还曾荣获"全国 MPA（公共管理硕士）优秀教学奖"，除此以外，我还在一些刊物发表过若干篇关于本科生和研究生案例教学的论文，应该说在案例教学方面还是积累了一定的经验。本书就是我受中南大学出版社的委托，而主编的一部行政案例分析教材。

　　本书各章的撰稿人分别是：第一章、第四章、第五章：罗依平；第二章、第八章：刘丹；第三章、第六章：丰云；第七章、第九章：李硕；第十章：罗立。全书由罗依平拟定撰写计划并修改、统改和定稿。

　　本教材的出版得到了中南大学出版社和湖南省广播电视大学负责同志的热忱支持，得到了中南大学出版社谭晓萍编辑的鼎力相助，在此表示衷心的感谢！

　　本书在编写过程中，还参考、吸收了国内许多学者、同仁的案例研究成果和有关政府部门、新闻媒体的实际材料，谨在此一并表示诚挚谢意！

罗依平

2013 年 1 月 10 日